U0552495

中华文脉

中国式现代化的文化基因

乔清举 等 ◎ 著

中央党校出版集团
国家行政学院出版社
NATIONAL ACADEMY OF GOVERNANCE PRESS
·北京·

图书在版编目（CIP）数据

中华文脉：中国式现代化的文化基因 / 乔清举等著 .
北京：国家行政学院出版社, 2025. 2. -- ISBN 978-7
-5150-2935-1

Ⅰ . K203

中国国家版本馆 CIP 数据核字第2024NR0473号

书　　名	中华文脉：中国式现代化的文化基因
	ZHONGHUA WENMAI: ZHONGGUOSHI XIANDAIHUA DE WENHUA JIYIN
作　　者	乔清举　等　著
责任编辑	刘韫劼
责任校对	许海利
责任印制	吴　霞
出版发行	国家行政学院出版社
	（北京市海淀区长春桥路6号　100089）
综 合 办	（010）68928887
发 行 部	（010）68928866
经　　销	新华书店
印　　刷	中煤（北京）印务有限公司
版　　次	2025年2月北京第1版
印　　次	2025年2月北京第1次印刷
开　　本	170毫米×240毫米　16开
印　　张	14.5
字　　数	170千字
定　　价	56.00元

本书如有印装质量问题，可随时调换，联系电话：（010）68929022

序 言

党的二十大报告指出:"中华优秀传统文化源远流长、博大精深,是中华文明的智慧结晶,其中蕴含的天下为公、民为邦本、为政以德、革故鼎新、任人唯贤、天人合一、自强不息、厚德载物、讲信修睦、亲仁善邻等,是中国人民在长期生产生活中积累的宇宙观、天下观、社会观、道德观的重要体现,同科学社会主义价值观主张具有高度契合性。"在文化传承发展座谈会上,习近平总书记深刻指出,中华文明具有突出的连续性、创新性、统一性、包容性与和平性,这是中华文明的独特优势。以"天下为公"为代表的中华文明的十大核心观念不仅是中华优秀传统文化的历史积淀,更是中国特色社会主义的特色所在;不仅创造了中华文明五千多年绵延不断生生不息的辉煌历史,更将经过中国式现代化进程的丰富、充实,奠基中国的未来发展。新时代中国特色社会主义一定是古今中外、传统现代辩证统一的交响乐章。中国共产党在百年奋斗历程中,始终是中华优秀传统文化的继承者和弘扬者,始终注重中华优秀传统文化的传承和创新,推动中华文明旧邦新命与时俱进。新时代中国共产党将担负起新的文化使命,推动文化繁荣,建设文化强国,铸造中华民族现代文明,引领中华民族走向更加辉煌的未来,实现中华民族的伟大复兴和人类社会的共同发展。

中华文明十大核心观念是深入推进"两个结合",尤其是"第二个结合",推动中华优秀传统文化的创造性转化和创新性发展的重点所在。由于历史原因,在相当长一段时期内,我们对于传统文化不研其义而片面批判,不明其理而简单抛弃,未能秉持客观、科学、尊重、敬畏的态度,缺乏温情的敬意。身处伟大时代,作为重要研究力量,中央党校(国家行政学院)的古典学学者立足于坚定自觉的历史意识、文化文明意识,胸怀国之大者,以强烈的责任感撰成《中华文脉:中国式现代化的文化基因》一书,系统探讨了天下为公、民为邦本、为政以德、革故鼎新、任人唯贤、天人合一、自强不息、厚德载物、讲信修睦、亲仁善邻十大核心观念的文献来源、历史发展、丰富内涵、深刻意蕴和现代价值,从文化核心理念的维度详尽地阐明了中华文明的突出特性,为全社会深入理解中华文化文明的突出特性及其现代传承发展提供了理论参考。

希望本书的出版有利于全社会形成对传统文化更加理性和公正的态度,真正树立文化自信乃至文明自信,为实现中华民族的伟大复兴提供坚实的精神力量,赓续传统文脉,创造现代文明,再铸历史辉煌。

目录

第一章 天下为公
曹润青

一、思想渊源：《礼记·礼运》中的社会理想　　002

二、思想内涵：政权基础、世界秩序与博爱情怀　　006

三、近代演变：从大同理想到全面小康　　011

四、创造性转化创新性发展：共同富裕与人类命运共同体　　016

第二章 民为邦本
王杰　郑迪

一、本固邦宁：民为邦本的核心价值　　023

二、以民为本：古代治国理政的根本遵循　　025

三、人民立场：马克思主义政党的根本政治立场　　033

四、江山就是人民："以人民为中心"的治国理政思想　　037

五、中国式现代化：人民至上的现代化　　045

第三章 为政以德
靳凤林　张雨琦

一、融会贯通、相互激荡：为政以德思想的主要理论渊源　　049

二、以民为本、家国情怀：为政以德思想的根本价值取向　　053

三、修身为本、内圣外王：为政以德思想的基本实现途径　056

四、贵和尚中、至德无文：为政以德思想的核心伦理原则　060

五、铸魂立根、正身正德：为政以德治理思想的时代之鉴　063

第四章 革故鼎新
王风

一、理念内涵：新旧交替与文明进步　070

二、汤武革命：上古三代的革故鼎新　072

三、秦人革命：周秦之际的革故鼎新　074

四、建立新中国：中华文明的革故鼎新　077

五、历史纵览：四千年三个时代　079

六、核心内容："体制"释义　080

七、改革开放：共和国的革故鼎新　082

八、命运共同体：人类文明的革故鼎新　085

第五章 任人唯贤
何青翰

一、正本清源：任人唯贤的典出及其相关思想形成历程　088

二、气象万千：任人唯贤与中华文明的特质　093

三、五湖四海：任人唯贤与中国共产党的立党、执政　098

四、同心同德：任人唯贤与新时代中国共产党的价值取向　105

五、再上征途：任人唯贤与推进新时代的伟大征程　111

第六章 天人合一
乔清举　李毅

一、文献出处：从《易经》到宋明　120

二、文明塑造：敬畏自然与共生智慧　　124

三、生态意识：中国共产党百年奋斗与环境保护　　132

四、生态文明：习近平生态文明思想与天人合一　　137

五、第二个结合：新时代新征程中的天人合一　　143

第七章 自强不息
任俊华　胡丹丹

一、中华优秀传统文化的健行气象："天行健，君子以自强不息"　　146

二、"君子"主体视角的立身学问：功崇惟志、业广惟勤的龙德哲学　　153

三、红色根脉的奋斗基因：自强不息铸造中国共产党人精神谱系　　158

四、奋进新时代：自强不息激活中国式现代化的创新力量　　162

第八章 厚德载物
王学斌

一、理论渊源：厚德载物从历史中走来　　168

二、演进历程：厚德载物在不断建构中丰富　　171

三、宝贵滋养：厚德载物涵育了中国共产党的精神气质　　178

四、返本开新：厚德载物在新时代的体现与发展　　180

五、与时偕行：厚德载物的未来展望　　183

第九章 讲信修睦
刘余莉　邢梦潺

一、赓续中华文脉：讲信修睦的理念价值　　186

二、坚定文化自信：讲信修睦之于中华文明特质塑造　190

三、坚持守正创新：讲信修睦与中国共产党的百年奋斗历程　194

四、追求合作共赢：讲信修睦的新时代价值　198

五、展望理念前景：讲信修睦在新征程中持续发挥重要作用　201

第十章　亲仁善邻

王乐　凌海青

一、思想渊源：责任与尊爱的双向奔赴　207

二、目标导向：以和为贵，和而不同　211

三、方式途径：构建人类命运共同体、弘扬全人类共同价值　215

第一章

天下为公

〔曹润青〕

党的十八大以来，习近平总书记多次引用《礼记·礼运》中"天下为公""天下大同"的观念，向世界表明中华民族自古以来就有高远的社会理想。这一理想既以"天下"为单位，涵盖整个世界，从而超越单一国家、民族与文化的个别立场，体现最为普遍的人类立场；同时，它又以"公""同"为价值追求，超越民族、文化、国家间的等级观念与歧视偏见，传递全世界全人类命运与共、和谐共生的价值理想，体现了中华文明对人类命运的深切关怀。2023年6月2日，习近平总书记在文化传承发展座谈会上再次提到天下为公、天下大同的社会理想，指出这一观念对于理解、把握中华文明特性具有重要认识价值，是今天中国共产党人带领中国人民传承发展中华优秀传统文化、建立中华民族现代文明的宝贵思想资源。

一 思想渊源
《礼记·礼运》中的社会理想

"天下为公"出自儒家经典《礼记·礼运》。《礼记》是一本战国时期的典籍，保存了先秦儒家关于"礼"的重要论述。从汉代开始，《礼记》就与《仪礼》《周礼》并称"三礼"，成为儒家礼制思想的源头。"周监于二代，郁郁乎文哉"，经过漫长的积累，在夏商两代的基础上，周代建立了以礼为核心的、高度发达的礼乐文明。在周代，礼不仅包含个人立身的仪表、仪节，也包含社会交往的仪式、准则，更包含经天纬地、治国安邦的大法大节。《礼运》作为《礼记》的一篇，按照东汉经学大师郑玄的理解,"名曰《礼运》者,以其记五帝三王相变易,阴阳转旋之道",也就是说《礼运》的主旨是从宏观上讨论历史上礼制变迁对国家社会的根本影响,因此,"天下为公"这一出自《礼运》的观念从最开始就与中华民族对理想世界的思考密切相关,承载着中华民族对理想世界的美好追求。

在《礼运》中,孔子提出并区分了"大同"与"小康",而天下为公正是大同世界的根本精神,与天下为家的小康世界形成了鲜明的对比。事实上,相较于混乱的政治秩序,小康与大同都代表着中国古人对良好秩序、理想世界的向往。在《礼运》的作者看来,小康对应的是禹、汤、文王代表的夏商周时期,这一历史时期国家最高政权的继承形式发生了根本性变化,世袭制代替禅让制,政治权力为一家一姓所垄断,"天下为家"就表达了这种将天下权力收归私有的制度变化。由于根本政治制度的变化,私有制度成为组织社会的基础,人们"各亲其亲,各子其子,货力为己",人们普遍以家庭为单位占有生产资料与社会资料。与这种社会制度相应,国家形成以严尊卑、别善恶、明赏罚、界内外为主要内容的礼制秩序,使整个社会稳定有序、井井有条。

尽管小康社会已经达到较高的文明水平,然而《礼运》作者认为在小康之上还存在着一个更高的理想世界,这就是大同世界,"大道之行也,天下为公,选贤与能,讲信修睦"。在历史上大同对应的是五帝时期,特别是尧舜执政天下的时期。与小康不同,大同世界的根本精神就是天下为公,这首先表现在最高政治权力的继承方式是"传贤不传子",即权力的继承标准不在血缘,而在德行与才能。据历史传说,尧年老之时将权力传给了舜,舜也同样在年老之时选择将权力传给禹。这一关于尧舜禅让的传说被中国古人普遍接受,《礼运》也不例外,不仅如此,《礼运》在高度肯定禅让制的基础上,还对这一制度的思想内涵作出了高度概括,从思想层面上提出了天下为公的观念,从而表明天下不为私人所拥有,天下不是私人财产,而是为天下之人共同拥有。正是在将这一最高权力向所有人开放的制度基础上,大公无私成为大同世界各方面的组织原则和运行机理。在政治上,人们平等参与,选贤任能;在经济上,社会普遍富裕,盗贼绝迹;在观念上,"不必藏于己""不必为己",表明人们超越私有观念,关心社会,以参与劳动、奉献社会为常态;在伦理上,"不独亲其亲,不独子其子",表明人们超越一家之私,以更高的社会价值为追求,共同创造社会整体利益和福祉;在社会关系上,人人平等且各尽其能,在充分实现个人价值的同时,对老弱病残、鳏寡孤独和灾民弱者提供积极的社会救济,体现了强烈的人道主义关怀。与小康世界建立在私有观念之上、严加区隔分别的社会形态不同,大同世界呈现了一幅天下为公、不分彼此、人人为公的美好图景,这幅画面又被《礼运》概括为"以天下为一家,以中国为一人",代表了中国古人关于世界与中国的最高理想。

回顾历史,中华文明早在先秦时期就产生了"公"的观念,并逐渐形成了公私有别、重公抑私的价值取向。关于"公"的观念起源,最早可以追溯到《尚书》,在《周书》等篇中,"公"指称周人的公爵。在《诗经》中,"公"的含义有公所、公事、公职、公物等意涵。不难看出,"公"字从使用之初就与政治的公共属性联系在一起。到春秋战国时期,随着三代旧有秩序的崩溃以及诸侯割据兼并的加剧,百家诸子开始重新思考政治的意义。在这样的背景下,"公"成为诸子们考虑政治秩序与政治建构的基础性观念。孔子讲"宽则得众，信则民任焉，敏则有功，公则说"，认为执政者公平公正是取信取悦人民的根据。《老子》讲"天长地久。天地所以能长且久者，以其不自生，故能长生"，认为天地无私才造成了天地的长久，因此执政者应仿效天地之大德。《荀子》讲"君子之能以公义胜私欲也"，在公私的张力下，进一步强化"公"作为原则的优先性。《管子》批评"私者，乱天下者也"，告诫执政者应当去除私心。《韩非子》则更是用一则故事表达了公私有别的鲜明立场。"解狐荐其仇于简主以为相。其仇以为且幸释己也，乃因往拜谢。狐乃引弓迎而射之，曰：'夫荐汝，公也，以汝能当之也；夫仇汝，吾私怨也，不以私怨汝之故拥汝于吾君。'故私怨不入公门。"解狐举荐他的仇人给赵简子做官，仇人以为解狐原谅了他，因此前去拜谢。解狐却拉开弓要射他，并解释了自己这么做的原因，解狐认为公事与私仇是两个不同的领域，两者应当区分开来，并按照公私两套不同的逻辑分别行事。

在中华文明史上，《礼运》用"天下为公"这一极为精练的语言对先秦以来重公抑私的传统予以总结、加以明确，使这一传统的影响更为自觉、更为普遍。同时，天下为公观念产生于春秋战国时期，回应的是当时天下失序的重大政治问题，因此其"公"的内涵不仅限于个体的道德修养或者社会的公平公正，而是将视野扩展到了整个天下，从而使"公"的原则在"天下"这个最高的存在维度上加以运用，并由此形成了中国特有的对于天下秩序、理想世界的理解与认识，对后世产生了极为深远的影响。

二　思想内涵
政权基础、世界秩序与博爱情怀

春秋战国是旧有礼乐秩序崩溃瓦解的时期，孕育于这一时期的"天下为公"观念首先表达的是对传说中尧舜时期禅让制的向往。《礼运》作者这种对历史的回望，不是对衰败现实的逃避，更不是执古不化的迷信，而是希望借助古代的思想资源来批判和解决现实问题。春秋战国时期，周天子权势衰弱，各诸侯崛起，在这一过程中，诸侯群雄突破了旧有权力为周天子所有、诸侯只是行使代理权力的观念，开始将权力视作个人私有之物，并不断通过战争、兼并、变法等方式扩大势力范围，进一步强化了权力私有的观念。权力私有观念的强化，一方面造成了诸侯国之间愈演愈烈的冲突战争，使得战火连年不断，民不聊生；另一方面，诸侯开始将百姓视作个人私产，对其征以苛捐杂税，并驱使他们服繁重的劳役兵役，在"苛政猛于虎"下，生民憔悴不堪。正是面对这样严峻的社会问题，《礼运》作者重提上古时代以天下为公为根本精神的禅让制，并以此为基础设计了包含政治、经济、社会在内的大同方案，希望导引天下重新恢复安宁，救黎民于水火，解百姓于倒悬。因此，天下为公的提出有着强烈的现实针对性，它是对春秋战国时期诸侯私有权力观念强化、压榨盘剥人民的有力控诉，要求权力不为一家一姓所有，而是由尧舜这样的圣贤代表天下人来掌握。

历史的进程没有按照《礼运》作者所希望的那样，现实中世袭制成为权力继承的正当方式，然而天下为公的观念并没有随之淹没在历史的尘埃中，恰恰相反，天下为公观念从禅让制这一具体的政治制度中脱胎出来，在更为广泛的意义上表达权力的来源及其合法性在于公众也就是百姓，凡是代表了百姓利益的权力才是正当的。在这个意义上，天下为公超越了具体的制度，成为一个普遍的政治理念，从而在根本上奠定了中国古代政治的思想基础，塑造了中国古代政治的权力形态。《吕氏春秋》是秦相吕不韦集门客共同编纂而成的一部典籍，成书于秦统一六国前夕，吸收了春秋战国以来诸子百家的优秀思想，自称"备天地万物古今之事"，是秦国及之后秦朝的指导思想。《贵公》是《吕氏春秋》中的一篇，被安排在全书十二纪之首，从这一特殊位置可以看出"公"在秦政中的核心地位。《贵公》篇讲："昔先圣王之治天下也，必先公。公则天下平矣。平得于公。尝试观于上志，有得天下者众矣，其得之以公，其失之必以偏。凡主之立也，生于公。"这段话的大意是说先代的圣王治理天下，必定先做到公正，能够做到公正，天下就太平了，太平是出于公正的。试看古代的典籍，曾经得天下的人很多了，他们得到天下是由于公正，他们失去天下一定是由于偏私。大凡君主的确立都是由于他的公正。这段话通过总结历史事实表明了两个道理：一是治理天下需要做到公正；一是获得天下需要做到公正。前者表明天下为公是国家治理的根本原则；后者则表明天下为公是获得政权及保有政权的根据。在《贵公》篇的另外一处，作者更加明确地指出："天下，非一人之天下也，天下之天下也。阴阳之和，不长一类；甘露时雨，不私一物；万民之主，不阿一人。"国家虽然设有君主，然而君主并不是代表他个人，而是代表整个天下万民的利益，君主应当像阴阳、甘露、时雨这样的自然力量一样，是普遍无私的。秦朝是中国历史上第一个中央集权的国家，相比于夏商周三代，秦朝皇帝的权力不需要分配给其他诸侯，权力高度集中于皇帝一人身上。面对秦政这一新的政权组织形式，《吕氏春秋》用天下为公的观念从治理的原则、政权的合法性基础及君主与天下的关系作出了系统的论述，使高度集中的权力受到天下为公观念的引导和约束，政权不是为一人服务，而是为天下之民服务。此后，秦朝虽二世而亡，但汉承秦制，秦政成为后世中国王朝政治制度的基础，天下为公也成为建构中国传统政治的根本观念。历史一再表明，那些强盛的朝代往往注意对权力的约束，在一定程度上践行了天下为公的观念；而那些短命的朝代则与之相反，将权力作为私有物，任意挥霍使用，终于导致人亡政息。

历史上，天下为公除了作为奠定政权合法性的基础性观念外，还在两个方面发挥着重要的作用：一是参与中国先民对世界秩序的想象和思考；二是参与塑造中国先民的思想道德境界。就前者而言，天下为公虽然最早是就禅让制而产生的观念，但由于天下为公在观念中内在地包含着天下的维度，因此天下为公也内在地包含着中国先民对天下即世界秩序的思考。与近代以来的民族国家不同，先秦时期特别是周代形成了天下共主、分封众建诸侯的国家形态，这意味着此时的中国兼具双重身份，它既是一个以天下共主为最高权力建构起来的国家形态，同时它又是一个天下共主之下、诸侯国林立、夷夏有别的世界体系。尽管先秦时期的中国显然不等同于地理意义上的整个世界，但在当时的认知条件下，中国就是当时中国先民所能感知的世界范围，因此在观念中，中国同时被理解为世界。天下为公观念则从根本上表明天下秩序即世界秩序应当建立在"公"的基础上，而"公"即"王道"。大体而言，王道在内容上可以概括为三点。一是王道是普遍的。早在《尚书·周书》中就讲："无偏无党，王道荡荡；无党无偏，王道平平；无反无侧，王道正直。"这段话的意思是说，没有偏私、没有阿党，王道是如此广远不狭吝、容易无阻碍；不违背常识、不倾斜狭隘，王道是如此公平正直。维持世界秩序的稳定和谐，王道首先要以普遍性作为自身的要求，不能以维护自身利益为目的损害别国的利益，照顾和维护世界各国共同利益是王道的根本要求。二是王道是"以德行仁"，与"以力假仁"的霸道相区分。孟子继承了先秦以来的王道思想，并通过提出王霸之辨表明王道的核心在于以德行来建立与别国的关系。孟子讲："以力假仁者霸，霸必有大国；以德行仁者王，王不待大。汤以七十里，文王以百里。以力服人者，非心服也，力不赡也；以德服人者，中心悦而诚服也，如七十子之服孔子也。"在孟子看来，霸道依靠的是武力压制，别国并非真心归服；王道则凭借道德、实行仁政，通过积累使自身慢慢强大，并逐渐取得别国的信任。荀子讲"义立而王"，认为立足于仁义道德的国家才能真正取得别国信任，建立起和谐的世界政治秩序。三是王道以重视民生为宗旨。孟子"保民而王"的观点高度地概括了王道思想这一内容，王道并非为了称霸，而是相反，王道是以保民为目的，并因为保民受到了百姓的拥护。董仲舒在《春秋繁露》中讲："王者，民之所往。"王安石也讲："王者之道，其心非有求于天下也，所以为仁义礼信者，以为吾所当为而已矣。"这些论述都表明王道以重视民生民意为其根本宗旨，至于由此安顿天下则是随之而来的政治结果。中国先民在先秦时代形成了以"王道"为基本内容的天下为公观念，成为中华文明理解和思考世界秩序的思想来源，成为建构万类共存、协和万邦世界图景的思想基础。

就第二方面而言，天下为公观念对个体提出了"泛爱众"的博爱要求，从而参与塑造了中国先民的精神情怀与道德境界。天下为公从精神修养的层面上要求个体超越一己一家之私，在更普遍的意义上对"人"本身产生同类相通之同情，并在此基础上生发博爱之情怀。先秦时期，诸子百家在这一点上有着普遍的共识。《论语》中多次记载了孔子的相关论述。"樊迟问仁。子曰：'爱人。'""仁"是孔子思想中最核心的观念，当学生问孔子仁的含义时，孔子以爱人来解释仁，由此可见广泛地爱人是仁这一观念的重要内容。在教导学生如何成长时，孔子指出："弟子入则孝，出则悌，谨而信，泛爱众，而亲仁，行有余力，则以学文。"孔子认为当青年人具备了孝、悌、谨、信的基本德行后，应当更进一步做到"泛爱众"、"亲仁"与"学文"，其中，包括"泛爱众"在内的三者代表了更高的德行要求。以"己欲立而立人，己欲达而达人"与"己所不欲，勿施于人"为内容的忠恕之道则是进一步落实泛爱众的实践原则。由此看来，尽管以孔子为代表的儒家始终强调亲疏有别的差序格局，但是这一立场更多的是基于对客观现实的承认，即人对他人的爱是由近及远、由亲及疏来实现的，这并不意味着儒家是囿于血缘关系的狭隘立场，恰恰相反，儒家始终强调博爱是人应当追求的最高的境界，孔子就指出能够博施济众可谓圣人的行为。孔子之后，孟子继承了以爱言仁的传统，指出"仁者爱人"，并进一步提出"恻隐之心"发展了这一思想，"恻隐之心，人皆有之"，认为人人都有对他人的同情之心，这是人性本有的道德情感与意识，而这一道德情感与意识正是博爱德行的人性论基础。因此在孟子看来，人人都应有对他人的不忍之心，从而实现"穷则独善其身，达则兼济天下"。儒家之外，墨子提出"兼爱"思想，要求人人兼相爱交相利，从功利主义的角度提出了墨家的博爱主张。宋明时期思想界形成了以"天地万物为一体"的理学思想，进一步从哲学上深化了天下为公代表的博爱传统。程颢讲"仁者，以天地万物为一体"，王阳明讲"大人者，以天地万物为一体者也。其视天下犹一家，中国犹一人焉"，这些论述表明世界在本源上即是一个生生不息的运动体，是一个普遍联系的整体，因此人处天地之间，就应当知觉个体属于世界这一整体，不应当因为有"我"的意识而产生我与他者的隔绝乃至对立。正是基于对"天地万物为一体"的这一理解，张载提出"为天地立心，为生民立命，为往圣继绝学，为万世开太平"的"四为"之说，指出人应该承担责任，为天地代表的自然、为生民代表的世界、为往圣代表的文明、为万世代表的历史而承担应有的责任，这一精辟论述正是对天下为公包含的博爱传统的最好阐释。

三 近代演变
从大同理想到全面小康

近代以来，在西方坚船利炮的攻击下，中华文明遭受到前所未有的全面性冲击，面对"亡国、亡种、亡教"的严峻危机，一大批仁人志士挺身而出，力图振兴中华。继洋务运动之后，以康有为为代表的维新人士一方面在政治上推动变法，一方面在思想上希望从传统内部进行改革，援引西方思想对儒学加以改造。康有为推动的戊戌变法以失败告终，但是他以大同为主旨的儒学思想改造运动却对中国近代思想产生了根本影响。康有为的重要著作《大同书》选择以"大同"作为书名，表现出他的思想与《礼运》的直接关联。正像康有为本人所说的那样，《礼运》中对于大同社会天下为公的论述给了他极大的震动，使他"浩然而叹"，发出"大道之真在是矣"的感慨。康有为认为，中国传统社会尚停留在以等级为基础的小康阶段，当中国进入现代，以天下为公的大同社会应当成为中国新的理想。在《大同书》中，康有为指出必须破除以国界、级界、种界、形界、家界、产界、乱界、类界、苦界为内容的九界，从而消除任何意义上的区分、界限和不平等，达到天下大同，人人如一。康有为对大同理想的倡导，使得正身处文明陷落危机的近代中国看到了一个新的文明理想。这一理想既能在思想根源处维护中华文明的基本价值观念，从而内在于既有的传统脉络之中，同时又吸收了平等、自由、民主的现代精神，反映出新的历史条件下中国调整自身的强烈意愿，满足了历史向前发展的要求。正因为如此，天下为公的大同理想超越康有为本人的政治立场，成为被以孙中山为代表的资本主义革命党人与以毛泽东为代表的马克思主义革命党人共同接受的理想。

毛泽东早年受到康梁思想的影响，将大同社会作为奋斗的目标。1936年在保安，毛泽东在与美国记者埃德加·斯诺的谈话中回忆起康梁对他本人青年时期产生的影响，"当时我正在读表兄送给我的两种书刊，讲的是康有为的维新运动。其中一本叫做《新民丛报》，是梁启超主编的。这些书刊我读了又读，直到可以背出来。那时我崇拜康有为和梁启超"。1917年，时年25岁的青年毛泽东在致黎锦熙的信中，就明确将大同设定为吾人应当追求的"理想之鹄"："孔子知此义，故立太平世为鹄，而不废据乱、升平二世。大同者，吾人之鹄也。"在这段自陈志向的文字中，毛泽东显然受到了康有为的影响。在康有为看来，人类历史发展的终点是太平世（大同世），但是必须依次经历据乱世、升平世（小康世）方能达到，而要想成功进入大同太平世，必须遵循孔子预先订立的义理制度。毛泽东准确把握了康有为大同理想的核心，他认同康有为的三世说，并将大同与孔子改制的观点关联在一起，指出大同世界是孔子心目中的理想世界，也是他本人认可的理想世界。与这一时期受康有为的影响相关联，毛泽东在实践中认可康有为以改良求大同的道路。具体而言，毛泽东主要采取的是梁启超式的、以教育新民为途径的改良道路。毛泽东积极投身文化教育事业，以"新民"为名成立"新民学会"，并将改良人心与风俗作为学会初创时期的宗旨，同时创办文化书社，参加新村活动、工读活动，希望通过新式文化改造国民从而间接影响社会，推动自下而上的改革以最终达至大同这一理想社会。

同时需要注意的是，在写信给黎锦熙的同一时期，毛泽东已经表现出对大同理想现实性的怀疑。1917—1918年，毛泽东曾投入大量时间阅读德国哲学家泡尔生的著作《伦理学原理》，并留下许多批注，其中一条批注反映了这一时期毛泽东的思考："人现处于不大同时代，而想望大同，亦犹人处于困难之时，而想望平安。……是故老庄绝圣弃智、老死不相往来之社会，徒为理想之社会而已。陶渊明桃花源之境遇，徒为理想之境遇而已。"在这段话中，毛泽东将大同世界类比于老子小国寡民式的社会及陶渊明的桃花源，认为大同不过是人们在"不大同"时代对理想世界的呼唤，徒为一理想而已。应当看到，毛泽东对大同的质疑不是对大同理想本身的质疑，换言之，毛泽东并非对大同世界中作为价值理想的平等、自由、民主等观念的质疑，而是对大同理想的现实可能性提出了深刻怀疑。也正是因为如此，毛泽东逐渐放弃了康梁一派以改良为路径的大同道路，转而走向以革命求大同的另一条道路。

从毛泽东选择以马克思主义作为自己的信仰之后，他就开始以革命的姿态投身改造中国实践的活动中。在马克思主义旗帜的引领下，经过长期的艰苦探索，毛泽东成功带领中国人民完成反帝反封建任务，建立中华人民共和国，之后顺利确立社会主义基本制度，取得社会主义建设的基础性成就，为中国日后发展奠定了坚实的政治基础和制度保障。中国人民之所以能够达成这一系列成就，归根到底在于毛泽东带领中国人民走上了一条正确的道路，即"由新民主主义社会进入社会主义社会和共产主义社会，消灭阶级和实现大同"的道路。这条通往大同的道路存在不同的阶段，在毛泽东这里，这条道路的阶段性内容体现为马克思主义真理与中国革命实践的普遍结合，具体表现为党依靠人民、以农村包围城市的方式进行武装暴动、夺取政权的革命。由于中国共产党人在现实中找到了一条真正通往大同的道路，因此毛泽东才说出了那句关于康有为的著名论断："康有为写了《大同书》，他没有也不可能找到一条到达大同的路。"

以毛泽东为代表的中国共产党人实现了对康有为大同理想的超越，这一超越是在继承康有为大同理想的基础上达成的。一方面，中国共产党人主动将大同理想纳入马克思主义的共产主义观念中，吸收大同理想中平等、自由、民主等现代价值，并将消灭阶级、消灭剥削、消灭一切不平等作为现实的奋斗目标予以追求；另一方面，中国共产党人摆脱了康有为《大同书》的乌托邦色彩，依靠马克思主义，通过共产党的带领、依靠人民、进行实践创造的方式，找到了一条通向大同世界的路径，使近代以来作为文明理想的大同被赋予了现实性。新中国成立前夕，毛泽东写成《论人民民主专政》一文，向世人介绍即将成立的人民共和国，其中，"大同境域"作为共和国的光明未来被郑重地提出：" 消灭阶级，消灭国家权力，消灭党，全人类都要走这一条路的，问题只是时间和条件。……努力工作，创设条件，使阶级、国家权力和政党很自然地归于消灭，使人类进到大同境域。""经过人民共和国到达社会主义和共产主义，到达阶级的消灭和世界的大同。"从这个意义上来说，人民共和国自诞生起就被打上了追求天下为公的大同烙印。

新中国成立后，天下为公的大同精神仍然是中国共产党人矢志不渝的追求。与战争年代不同，中国共产党人根据新的形势要求，拨乱反正，开始以经济建设为中心，并提出建设小康社会的历史目标。1979年12月6日，邓小平在会见日本首相大平正芳时，第一次提出了"小康"概念以及在20世纪末我国达到"小康社会"的构想。邓小平说："我们要实现的四个现代化，是中国式的四个现代化。我们的四个现代化的概念，不是像你们那样的现代化的概念，而是'小康之家'。"在这之后，邓小平又多次提出了这一构想。此后，党的十二大正式引用了"小康"概念，并把它作为20世纪末的战略目标。党的十三大系统阐述了社会主义初级阶段的理论，确定了我国社会主义现代化建设"三步走"发展战略。提出到20世纪末，使国民生产总值再增长一倍，人民生活达到小康水平。到21世纪中叶，人均国民生产总值达到中等发达国家水平，人民生活比较富裕，基本实现现代化。2012年11月，党的十八大明确提出"我国进入全面建成小康社会决定性阶段"。党的十八大以来，以习近平同志为核心的党中央接续奋斗，把人民对美好生活的向往作为奋斗目标，团结带领全党全国各族人民，夺取全面建成小康社会决胜阶段的伟大胜利。2021年7月1日，在庆祝中国共产党成立100周年大会上，习近平总书记庄严宣告，经过全党全国各族人民持续奋斗，我们实现了第一个百年奋斗目标，在中华大地上全面建成了小康社会。需要指出的是，中国共产党人以小康为目标凝聚国民、一代接着一代艰苦奋斗的伟大实践，不是对天下为公的大同精神的遗弃，恰恰相反，在经过新中国成立初期的曲折实践后，中国共产党人清楚地认识到，实现大同是一条路漫漫其修远兮的艰辛路程，必须在尊重客观现实的基础上持续推进，而小康正是大同理想照进现实的现实坐标，在这个意义上，中国共产党人带领全国人民建设小康社会的历程是以求真务实的精神、以脚踏实地的态度对天下为公的真正践履。

四 创造性转化创新性发展
共同富裕与人类命运共同体

新中国已走过75个春秋，中国共产党人更是经历百年沧桑。习近平总书记在庆祝中国共产党成立100周年大会上的讲话中指出，中华民族迎来了从站起来、富起来到强起来的伟大飞跃，实现中华民族伟大复兴进入了不可逆转的历史进程。在党的二十大报告中，习近平总书记指出，从现在起，中国共产党的中心任务就是团结带领全国各族人民全面建成社会主义现代化强国、实现第二个百年奋斗目标，以中国式现代化全面推进中华民族伟大复兴。我们看到，在习近平总书记的坚强领导下，在党带领全体中国人民持续推进中国式现代化、实现民族复兴的伟大进程中，天下为公的古老传统焕发出新的光彩，天下为公的大同理想以更为积极的方式塑造着中国乃至世界。

共同富裕是全体人民的富裕，是对天下为公精神的继承与超越。

以天下为公为主要精神的大同社会是中华民族千百年来追求奋斗的理想，中国共产党自成立以来就继承了这一伟大理想，将大同社会与共产主义社会相关联，大同社会成为党带领人民追求的奋斗目标。党的十八大以来，习近平总书记在全面建设小康社会的基础上提出全面建成小康社会目标，并在庆祝中国共产党成立100周年大会上向全世界宣布中国实现了第一个百年奋斗目标，在中华大地上全面建成了小康社会，历史性地解决了绝对贫困问题。正是在中国经济社会取得巨大成就的基础上，习近平总书记重提天下为公的思想，在党的十九大报告中，引用"大道之行，天下为公"作为结尾，号召全党全社会为实现中华民族伟大复兴的中国梦而奋斗，而共同富裕正是党带领全国各族人民实现第二个百年奋斗目标的重要内容，是大同社会与小康社会的重要区别。习近平总书记在多个场合强调共同富裕是全体人民的富裕，不是少数人的富裕，强调共同富裕是社会主义的本质要求，是人民群众的共同期盼。在党的二十大报告中，习近平总书记更是指出中国式现代化是全体人民共同富裕的现代化，这意味着党提出的共同富裕思想是与党领导中国人民追求现代化的过程相伴随的，是中国式现代化的结果和要求。共同富裕思想充分吸收了人类近代以来的思想实践成果，特别是对于科学创造财富的认识和手段大大超出了传统的范围，从而历史性地超越了大同理想的空想性，使共同富裕在中国历史上第一次作为现实目标被提出，具有划时代的进步意义。同时，共同富裕的思想既反映了当代中国实践发展的新要求，又体现了千百年来中华民族对大同理想的追求，使共同富裕的目标具有强烈的合理性和正当性，受到全体中华儿女的高度认同和普遍欢迎。

　　人类命运共同体是对天下为公精神的创造性转化与创新性发展。

从20世纪50年代的和平共处五项原则，到20世纪80年代初提出和平与发展是时代的主题，中国共产党人始终致力于维护世界秩序与世界和平。在此基础上，习近平总书记开创性地提出构建人类命运共同体这一全新理念，为世界和平、稳定与发展贡献了中国智慧与中国方案。人类命运共同体正是天下为公思想与马克思主义相结合的创造性成果。在世界百年未有之大变局加速演进的时代背景下，世界存在治理赤字、信任赤字、和平赤字、发展赤字的突出问题。面对"世界怎么了，中国怎么办"的世纪之问，习近平主席站在人类前途命运的高度，于2013年在俄罗斯莫斯科国际关系学院首次向世界提出"命运共同体"的重大倡议，呼吁国际社会树立命运共同体意识，指出这个世界越来越成为你中有我、我中有你的命运共同体，和平、发展、合作、共赢成为时代潮流。2015年9月，习近平主席在第七十届联合国大会的讲话中，强调各国携手构建合作共赢新伙伴，同心打造人类命运共同体。2017年1月，习近平主席在联合国日内瓦总部发表演讲，倡导各国共同构建人类命运共同体，坚持对话协商、共建共享、合作共赢、交流互鉴、绿色低碳，建设持久和平、普遍安全、共同繁荣、开放包容、清洁美丽的世界。构建人类命运共同体，是习近平新时代中国特色社会主义思想特别是习近平外交思想的重要组成部分，不仅写入党章和宪法，而且多次写入联合国等国际组织文件，反映了中国人民和各国人民的共同心声，凝聚着国际社会的广泛共识。近年来，世界大变局加速演进，世界之变、时代之变、历史之变正以前所未有的方式展开。新冠疫情影响深远，逆全球化思潮抬头，单边主义、保护主义明显上升，世界经济复苏乏力，局部冲突和动荡频发，全球性问题加剧，世界进入新的动荡变革期。人类社会面临前所未有的挑战，世界人民对和平、发展、合作、共赢的期待更加强烈，构建人类命运共同体这一源自天下为公古老传统的中国智慧更加凸显其远见卓识和现实意义。

第二章

民为邦本

王杰 郑迪

以人为本是中华民族的优良传统，民为邦本是中国传统国家治理的基石，是明君忠臣爱国爱民的根本遵循。在中华优秀传统文化里，有很多关于民为邦本的阐述，如：水可载舟，亦可覆舟；万事民为先，万事皆为民；政之所兴，在顺民心，政之所废，在逆民心；致理之要，惟在于安民，安民之道，在察其疾苦而已；鞠躬尽瘁，死而后已；为官一任，造福一方；处官事如处家事，爱民如爱子；当官不为民作主，不如回家卖红薯；等等。这些源远流长的民本观念，在推进马克思主义中国化时代化进程中起到了积极的催化、融合作用。中国共产党是一个以人民为中心的政党，以全心全意为人民服务为宗旨，曾提出以民为本、执政为民，权为民所用、利为民所谋、情为民所系等执政理念。进入中国特色社会主义新时代，习近平总书记着力赓续中华优秀传统文化，创造性转化、创新性发展了民为邦本这一传统思想，并将其贯穿于治国理政之中，在党的二十大报告中鲜明提出了"坚持人民至上""江山就是人民，人民就是江山"[①]。可以说，这一提法与传统民本思想一脉相承、赓续不断。

[①] 习近平：《高举中国特色社会主义伟大旗帜　为全面建设社会主义现代化国家而团结奋斗——在中国共产党第二十次全国代表大会上的报告》，人民出版社2022年版，第19、46页。

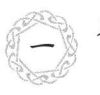

一 本固邦宁
民为邦本的核心价值

在中华传统文化的各家各派中，对许多问题几乎都有不同的看法。如对于治理国家，法家主张依法治国，儒家则主张以德治国；对于仁爱问题，墨家讲爱应该无差别，主张兼爱，要爱一切人，儒家则主张爱有差等；对于礼义道德问题，儒家认为其是核心价值观，道家则认为礼义道德是社会混乱的根源。就是在同一个学派内部，也往往是观点各异。譬如在人性问题上，孟子主张人性善，荀子则主张人性恶；在宋明理学中，程朱学派主张天地万物以理为本，陆王心学则主张天地万物以心为本；等等。但是，对有一个问题，各家各派的态度、观点和主张却是惊人的一致，这个问题就是民生、民本问题。关注民生、以民为本是古往今来中国治国安邦中最重要的内容之一。

民本思想，可从三个层面来阐释。

（一）从天命与人民的关系看

自三千多年前的西周开始，先贤已经认识到天命要通过民情民意体现出来，突出了民情民意的地位，这就是《尚书·皋陶谟》说的"天聪明，自我民聪明；天明威，自我民明威"，《尚书·泰誓》说的"天视自我民视，天听自我民听""民之所欲，天必从之"，《左传》说的"夫民，神之主也。是以圣王先成民，而后致力于神"。这些思想都表明了，统治者对民负责就是对天负责，顺乎民心就是顺从天意。凡所有事，皆为民也。

（二）从国家与人民的关系看

如《尚书·五子之歌》云："民可近，不可下；民惟邦本，本固邦宁。"意思是说老百姓是国家的根本，根本稳固了，国家就会安宁；根本动摇了，枝叶就会摇动。这就告诫我们，为政者在国家的治理上，在一切权力的行使上，都要坚持以人民为出发点和落脚点。执政者只有爱民、富民、为民，以人民为根本，百姓才会安居乐业，社会才能繁荣稳定，国家才能长治久安。民本思想是中华优秀传统文化的重要内容，作为中国古代极具进步性的思想主题，受到了历代统治者的重视，对后世中国产生了深远影响。《左传》云："国之兴也，视民如伤，是其福也；其亡也，以民为土芥，是其祸也。"汉代目录学家刘向在《说苑·政理》中说："故善为国者遇民，如父母之爱子，兄之爱弟，闻其饥寒为之哀，见其劳苦为之悲。"东汉思想家王符在《潜夫论·边议》中说"国以民为基"，清代思想家唐甄在《潜书·明鉴》中说："封疆，民固之；府库，民充之；朝廷，民尊之；官职，民养之。"近代思想家梁启超在《新民说》一文中指出："国也者，积民而成，国之有民，犹身之有四肢、五脏、筋脉、血轮也。"以上论述旨在说明，人民是国家的根本和基础，唯有安众养民，培根固本，国家才能长治久安。

（三）从君主与人民的关系看

《大学》云："民之所好好之，民之所恶恶之，此之谓民之父母"；《礼记·缁衣》云："民以君为心，君以民为体"；《荀子》云："天之生民，非为君也；天之立君，以为民也"；董仲舒《春秋繁露》云："天之生民，非为王也；而天立王，以为民也"。天孕育百姓，不是为了君主；天设立君主，而是为了百姓，且天还帮助民来监督君主，君主必须无私爱民，否则天就要代替人民来惩罚君主。在君民关系上，还有如下观点，如管子提出了以人为本，晏子提出了以民为本，孟子提出了民贵君轻，荀子提出了民水君舟，谭嗣同提出了民本君末，等等。

上述三种关系，旨在说明不可忽视民的存在，亦不可忽视民的力量。民是一把双刃剑，能载舟亦能覆舟：治理好了，是维护国家稳定的最重要力量；治理不好，就会出现无数个陈胜、吴广、李自成，起来推翻背离民心的腐朽政权。秦、隋二世而亡即是明证。中国共产党之所以能打倒国民党反动统治，是因为赢得了民心，得到了人民的拥护和支持；国民党之所以失败，是因为失去了民心，最终失去了天下；苏共执政74年，最后亡党亡国，一个重要原因就是已不能代表人民的利益，最终被人民所抛弃。综观历史，中国古代凡稍有作为的君主，几乎都毫无例外地重视民的问题，都把民放置于治国理政的重要位置，以期实现政权的稳定与安宁。

二 以民为本
古代治国理政的根本遵循

中华传统民本观，经数千年历史长河的淘洗，其精髓与精华，已深深植根于中华民族的血脉之中，已成为中华民族重要的精神标识，为历代统治者的治国理政提供了指引和根本遵循。

（一）为官者要关心人民疾苦

自古百姓最艰难，兴亡都是百姓苦。据《尚书·无逸》记载，周在灭掉殷商后，面对刚刚建立起来的新政权，周公告诫成王说，作为君主，你不应该贪图安逸、荒淫放纵，你要了解百姓的疾苦，了解百姓耕种的艰难，这样才能使国家长治久安。《诗经·大雅·民劳》也讲到邵穆公劝周厉王要爱惜民力，"民亦劳止，汔可小康"，意思是说老百姓太辛苦了，也该稍稍得到些安乐了。屈原在《离骚》中发出了"长太息以掩涕兮，哀民生之多艰"的长叹。中国历代的诗词中也有诸多反映民生疾苦的诗章，如唐人李绅的《悯农》："春种一粒粟，秋收万颗子。四海无闲田，农夫犹饿死"；杜甫《自京赴奉先县咏怀五百字》中的"朱门酒肉臭，路有冻死骨"；白居易《秦中吟十首》中第七首《轻肥》中的"是岁江南旱，衢州人食人"；宋朝诗人张俞的《蚕妇》："昨日入城市，归来泪满巾。遍身罗绮者，不是养蚕人"；宋朝诗人梅尧臣的《陶者》："陶尽门前土，屋上无片瓦。十指不沾泥，鳞鳞居大厦"[①]；元代张养浩的散曲《山坡羊·潼关怀古》："兴，百姓苦；亡，百姓苦"；郑板桥《潍县署中画竹呈年伯包大中丞括》中的"衙斋卧听萧萧竹，疑是民间疾苦声。些小吾曹州县吏，一枝一叶总关情"。这些诗章反映的都是底层民众的生存之艰、生活之苦。郑板桥为官为政，不问鬼神问苍生，他希望"衙斋"里的"州县吏"们要多倾听一些民间的疾苦，多了解一些民间的冤情。封建时代，那些能真正关心民间疾苦，为百姓说话办事的官吏，像包拯、范仲淹、海瑞、张伯行等清官，真正做到了爱民如子，千百年来，他们的故事一直流传至今，老百姓心里一直惦记着他们，传颂着他们，爱戴着他们，称他们为父母官、青天大老爷。当然，也有像晋惠帝司马衷那种愚不可及的昏庸君主，面对国家连年大旱、饿殍遍野，却说"何不食肉糜"？

[①] 缪钺等编著《宋诗鉴赏辞典》，上海辞书出版社1987年版，第79—80页。

对民间疾苦不听、不视、不管，麻木不仁到了极点。历史证明，晋惠帝死后十年，西晋就灭亡了。

关心人民疾苦，就要爱民，爱护百姓。只有我们把群众的事放在心上，群众才会把我们的事放在心上；只有我们把群众当亲人，群众才会把我们当亲人。为政者要时时刻刻把百姓的饥寒冷暖和急难愁盼的事情放在心上。

（二）为政之道在取信于民

古语道：顺民心者昌，逆民心者亡；民心不可欺；"圣人无常心，以百姓心为心"。中国古代的一些思想家和政治家已敏锐地意识到，要想得到人民的支持，就要顺应民心民意，这是从民心向背决定王朝盛衰的历史事实中得出的结论。《管子》就说，为政者办任何事情都要"顺民心""量民力"，因为"政之所兴，在顺民心；政之所废，在逆民心"。只有顺应民心民意，才能得到民众的支持。这一点孟子说得最为详细，他认为，统治者能否得天下，关键就在于能否得到民众的拥护，民心向背关系到国家的生死存亡。他说："桀、纣之失天下也，失其民也；失其民者，失其心也。得天下有道：得其民，斯得天下矣。得其民有道：得其心，斯得民矣。得其心有道：所欲与之聚之，所恶勿施尔也。"就是说，夏桀和商纣王之所以丧失天下，是因为失去了人民；失去人民，是因为失去了民心。要取得天下的好办法就是获得人民，获得人民的最好办法就是获得民心，获得民心的办法就是：人民所要求的，就满足他们；人民所厌恶的，就不要强加在他们身上。从孟子的论述中可以得出结论："得道多助，失道寡助"，"得民心者得天下，失民心者失天下"。汉代贾谊在总结强大的秦王朝迅速走向灭亡的原因时说，无论一个政权如何强大，只要失去民心，就难逃覆灭的命运。①

《吕氏春秋》《淮南子》等著作以及唐太宗李世民、王安石、司马光、苏轼、王夫之等政治家、思想家都有类似的论述。近代洋务运动人物王韬也说过："天下何以治？得民心而已。天下何以乱？失民心而已。"②这些思想，可谓千古真理，超越时空和地域，具有永恒的思想价值，目的都在于证明这样一个颠扑不破的道理："夫为政在顺民心。苟民之所欲者，与之；所恶者，去之。"③钩稽历史文献，人民曾被比喻是天、是地、是心、是水、是镜、是秤，这些比喻的目的都一样，即为政者做任何事情，要顺民心合民意，要以百姓心为心，凡事必先审民心，公道自在民心，国之命在人心，顺民心则行，逆民心则止。历史的发展已证明了这样的真理，如果违背人民意愿，与民为敌，或迟或速，而民必胜之；顺民心者昌，逆民心者亡。俗话说，天地间有杆秤，那秤砣就是老百姓；金杯银杯，不如老百姓的口碑；说一千道一万，不如做给老百姓看。为官者应牢记这些道理。

（三）治国之道必先富民

"治国之道，必先富民。"④在中国传统典籍中，富民、裕民、惠民、利民其实指的都是一个意思，就是让老百姓富裕起来，历代统治者也都把是否能富民作为自己的政绩，因为民富则国安，民贫则国

---

① 参见王杰《中国传统文化中的民生观》，《月读》2020年第6期。
② 王韬：《弢园文录外编·重民中》，中华书局1959年版，第21页。
③ 司马光：《温国文正司马公文集·与王介甫书》卷60，上海商务印书馆1936年版，第450页。
④ 黎翔凤：《管子校注》，中华书局2004年版，第924页。

乱，富民是社会稳定的第一大要素。孔子就非常重视富民问题，他认为，无论是穷人还是富人、君子还是小人，都有追求富裕的本能欲望，只要符合道义，人人都可追求富裕。他说："富而可求也，虽执鞭之士，吾亦为之。"①"富与贵，是人之所欲也。"②孔子不仅主张富民，还主张民富要优先于国富，这一思想是通过他的学生有若表达出来的。有一次鲁哀公问有若："国家现在遭到了饥荒，用度十分困难，我该怎么办呢？"有若回答："国家可以实行彻法啊，按十分之一抽取赋税啊！"哀公说："现在按十分之二抽取，都还不够，按十分之一抽取，又怎么能够呢？"有若说："如果百姓的用度够了，您怎么会不够呢？如果百姓的用度不够，您怎么又会够呢？"③正所谓小河有水大河满，小河无水大河干。孟子也主张富民，他的富民政策主要是通过制民恒产、减轻赋税来实现，目的是要让老百姓做到"仰足以事父母，俯足以畜妻子，乐岁终身饱，凶年免于死亡"④，做到"五亩之宅，树之以桑，五十者可以衣帛矣。鸡豚狗彘之畜，无失其时，七十者可以食肉矣。百亩之田，勿夺其时，数口之家可以无饥矣。谨庠序之教，申之以孝悌之义，颁白者不负戴于道路矣"，使"老者衣帛食肉，黎民不饥不寒"⑤，这样就能达到王道仁政的目的。荀子则将裕民富民与富国强国相结合，主张"节用裕民""以政裕民"，他认为，国家的富足，主要表现在使人民富裕之中。民富是社会和谐稳定的前提，作为执政者要始终以富民为己任，把富民作为第一要务，不与民争利。当

---

① 李学勤主编《十三经注疏·论语注疏》，北京大学出版社1999年版，第88页。
② 李学勤主编《十三经注疏·论语注疏》，北京大学出版社1999年版，第48页。
③ 李学勤主编《十三经注疏·论语注疏》，北京大学出版社1999年版，第161页。
④ 李学勤主编《十三经注疏·孟子注疏》，北京大学出版社1999年版，第23页。
⑤ 李学勤主编《十三经注疏·孟子注疏》，北京大学出版社1999年版，第24页。

然，国富和民富是一对辩证统一关系，在历史上，国穷民富的国家还不曾出现过，但国富民穷则是一条危亡之道。《荀子·王制》说："故王者富民，霸者富士，仅存之国富大夫，亡国富筐箧，实府库。筐箧已富，府库已实，而百姓贫，夫是之谓上溢而下漏，入不可以守，出不可以战，则倾覆灭亡可立而待也。"意思是，称王天下的君主，首先要使老百姓生活富足；称霸诸侯的君主，也要使兵卒衣食无忧；勉强存在的国家，也要使大夫生活稳定；而亡国之君富足的只是自己的箱子，塞满的只是自己的仓库。君主的箱子塞满了，仓库充实了，老百姓却穷困潦倒，这种情况叫作上面溢出来了，下面却漏得一干二净，什么也没有。这样的国家，内不能防守，外不能征战，那么距离倾覆灭亡就不远了。隋朝的灭国就是证明。

（四）善政不如善教之得民

富民是国富的基础，但民富绝不是终极目的。孟子说："人之有道也，饱食、暖衣、逸居而无教，则近于禽兽。"[1]如果只把目标停留在民富的层面，没有道德礼义的教化、文明素养的提升，富裕起来的社会只能是一个人欲横流、饱暖思淫欲的社会。我们智慧的先哲们已经意识到了这一点，《管子·牧民》中说"仓廪实则知礼节，衣食足则知荣辱"，意思是，在物质利益问题解决后，就要让老百姓知道礼节，在吃饱穿暖后，就要让老百姓知道荣辱。饿着肚子讲道德显然是不现实的，但是，衣食足者未必知荣辱，仓廪实者未必知礼节，所以，富裕起来后，对百姓进行道德教化、提升其文明素养，就是一件非常重要的事情。这个思想在孔子那里同样有鲜明的体现。《论语·子路》

---

[1] 李学勤主编《十三经注疏·孟子注疏》，北京大学出版社1999年版，第146页。

中记述了这样一件事。有一天，孔子到卫国去，学生冉有驾车随行。在车上，孔子看到卫国的老百姓很多，便赞叹了一声：这个国家人真多啊！冉有问道：人口已经很多了，该怎么办？孔子答道：让老百姓富裕起来。冉有又问：老百姓富裕起来了，又该如何呢？孔子回答道：对老百姓进行道德教化。这就是孔子著名的"富而后教"理论。人口多、让百姓富裕起来只是立国的基础，而对老百姓进行道德教化则是立国的根本。孟子也主张，百姓在有了"恒产"以后，在饱食、暖衣、逸居之后，接下来就要对百姓进行道德教化，要让百姓懂得"庠序之教，孝悌之义"，让老百姓懂得"父子有亲，君臣有义，夫妇有别，长幼有序，朋友有信"的人伦道理，懂得"老吾老以及人之老，幼吾幼以及人之幼"的道理，做到"出入相友，守望相助，疾病相扶持"，做到"老有所终、壮有所用、幼有所长，鳏寡孤独废疾者皆有所养"。孟子所憧憬的就是"乐民之乐者，民亦乐其乐；忧民之忧者，民亦忧其忧"，他所描绘的就是一幅社会稳定、政治清明、人民安居乐业的小康图景。这幅图景就是陶渊明所向往的"黄发垂髫，并怡然自乐""童孺纵行歌，班白欢游诣"，就是杜甫所希望的"安得广厦千万间，大庇天下寒士俱欢颜"，就是于谦所追求的"但愿苍生俱饱暖，不辞辛苦出山林"。这个人人向往和追求的大同理想，用今天的语言表达就是中国梦。

（五）心中无民莫为官

《管子》云："夫霸王之所始也，以人为本。本理则国固，本乱则国危。"[①] 翻开厚重的史册，从先秦时期的"民惟邦本，本固邦宁""民

---

① 黎翔凤：《管子校注》，中华书局2004年版，第472页。

为贵，社稷次之，君为轻"，到秦汉时期的"闻之于政也，民无不为本也"①，再到唐朝时期的水载舟覆舟论、明清时期的民主君客论，以至近现代的三民主义论，无不彰显出执政者一定要心中有民。俗话说：当官不为民作主，不如回家卖红薯。只有与民众一起吃过苦流过汗，才能知道民众愁什么、想什么、盼什么，才能在其位、谋其政、尽其责，真正做到为官一任，造福一方。为官者对待人民群众必须有三真，即真心尊重、真情交往、真诚服务，才能博得群众的支持与认可。心无百姓莫为官，一粥一饭，当思父母养育恩；一举一动，勿忘人民公仆身。邓小平同志说："我是人民的儿子。"共产党人来自群众，关心群众冷暖、惦念群众疾苦应是分内之事，应该时刻牢记在心，为官者心系百姓才是最重要的。

东汉思想家王充有句名言："知屋漏者在宇下，知政失者在草野。"②意思是说，房屋是否漏雨，在屋檐下的人最清楚；政策执行得好坏，老百姓最有发言权。如果官员们能够亲临辖内困难群众的家里，亲身去感受老百姓的房屋漏雨与否，体察政策得失与否，坚持问政于民、问需于民、问计于民，真诚倾听群众的呼声，真情关心群众的疾苦，依法保障人民群众的经济、政治、文化、社会等各项权益，那么，为官者何愁不能深入了解民情，何愁工作不能顺利推进呢？③

---

① 贾谊：《新书全译》，李尔钢译注，贵州人民出版社1998年版，第384页。
② 王充：《论衡·书解》，上海人民出版社1974年版，第431页。
③ 参见王杰《心无百姓莫为"官"》，《党员干部之友》2021年第8期。

三 人民立场
马克思主义政党的根本政治立场

中国共产党是马克思主义指导下的政党，是为广大劳苦大众翻身得解放的政党，是为绝大多数人谋幸福的政党，是全心全意为人民服务的政党，它立足于中国的实际国情，扎根于中华优秀传统文化的深厚沃土，在百年奋斗的历程中创造了一个又一个的辉煌成就。

（一）中国共产党在百年奋斗历程中形成的群众路线，既集中体现了马克思主义的人民观，又传承创新了民为邦本传统观念，是马克思主义基本原理与中华优秀传统文化相结合的结晶

马克思、恩格斯在《共产党宣言》里鲜明地指出，"过去的一切运动都是少数人的或者为少数人谋利益的运动。无产阶级的运动是绝大多数人的、为绝大多数人谋利益的独立的运动"[1]。因此，"人民立场是马克思主义政党的根本政治立场，人民是历史进步的真正动力，群众是真正的英雄，人民利益是我们党一切工作的根本出发点和落脚点"[2]。

《中国共产党第一个纲领》提出了"把工农劳动者和士兵组织起来"的口号；党的二大提出要重视群众工作的问题；党的"九月来信"即《中共中央给红军第四军前委的指示信》中，首次提出了"群众路线"这一概念；1943年，毛泽东同志在《关于领导方法的若干

---

[1] 马克思、恩格斯：《共产党宣言》，人民出版社1997年版，第38—39页。
[2] 《习近平著作选读》第1卷，人民出版社2023年版，第550页。

问题》中,首次较为系统地阐述了"群众路线"。党中央在延安时期,毛泽东同志领导中国共产党把"给人民以看得见的物质福利"作为执政的根本目的,打造了一片片模范的抗日民主根据地。"把群众的利益放在第一位","把屁股端端地坐在老百姓的这一面",全面形成了一切为了群众,一切依靠群众,从群众中来,到群众中去的群众路线。中国共产党倡导"全心全意地为人民服务,一刻也不脱离群众;一切从人民的利益出发,而不是从个人或小集团的利益出发;向人民负责和向党的领导机关负责的一致性;这些就是我们的出发点"①。1945年,"群众路线"写入了党的七大党章;党的十四大通过的党章规定,"党在自己的工作中实行群众路线,一切为了群众,一切依靠群众,从群众中来,到群众中去,把党的正确主张变为群众的自觉行动"。

(二)中国共产党人百年奋斗中始终秉承"全心全意为人民服务"的宗旨意识,与中国传统政治中的民本思想一脉相承

"人民观是马克思主义产生的最初基因,是马克思主义的首要观点,是马克思主义理论体系最根本的价值观。中国共产党自成立之日起就将为人民谋利益作为自己的根本价值追求,在革命、建设、改革开放的不同历史阶段发展并实践着马克思主义人民观,丰富了人民的内涵,致力于人民主体性的实现,坚持全心全意为人民服务,坚持群众路线。"②

---

① 《毛泽东选集》第3卷,人民出版社1991年版,第1094—1095页。
② 李玉贵、赵俊华:《马克思主义人民观的中国化发展》,载国家行政学院政治学教研部编《全国行政学院系统政治学教研协作联席会年会论文集(2016)》,国家行政学院出版社2017年版,第108页。

中国共产党早期的工运、农运、兵运，都是深入社会最底层的劳苦大众之中，为广大的劳动者争取权益、利益，提高工农的薪酬、收入，保护工人农民的劳动权益，争取士兵的地位。组织工人罢工斗争，组织农民暴动抗租，都是为了争取劳动人民的权利，为人民群众谋取最大的利益保障。在革命战争年代，红军与人民融为一体，打土豪分田地，农民只要有口吃的就不会让红军饿着，红军只要有条棉被就不会让百姓冻着。在抗日战争中，地道战、地雷战、游击战、麻雀站，都是兵民融合的光辉战例，是中国共产党领导人民实现民族解放、争取民族独立的伟大创造。解放战争，更是党与人民一起，同甘共苦，团结一致，赢得了新中国的成立。谈到淮海战役的胜利时，陈毅元帅说，淮海战役的胜利是人民群众用小推车推出来的。老电影《车轮滚滚》就形象地再现了这一伟大场景。新中国成立后，土地改革、工商改造，无不体现了党为人民服务的宗旨。中国共产党在过去的一百多年，依靠人民、领导人民从站起来、富起来到强起来的光辉历程中，始终与人民心心相印、与人民同甘共苦、与人民团结奋斗，始终践行着全心全意为人民服务的宗旨，始终在继承、发展着民为邦本这一中华优秀传统民本思想。

（三）拜人民为师，坚持人民至上，是中国共产党百年奋斗成功的基础，是当代中国对民为邦本传统观念最好的实践

毛泽东同志说："只有做群众的学生，才能做群众的先生。"[①]
邓小平同志说："只有首先善于做群众的学生的人，才有可能做群众

[①] 《毛泽东选集》第3卷，人民出版社1991年版，第864页。

的先生。"① 以群众为师，向群众学习，也是中国共产党的一贯优良作风。群众是真正的英雄，是真正的知识之源，只有认真向人民群众学习，才能走好党的群众路线，才能切实在作风上有大的改进、在素质上有大的提升。当代人民公仆的楷模杨善洲说："我当领导，是给整个保山地区当的，不是给我们一家人当。"这就告诫为官者，要坚定为人民服务的理念，视人民群众为衣食父母，时时处处以人民群众利益为先，树立"食民之禄，担民之忧"的意识，增强"先天下之忧而忧，后天下之乐而乐"的担当与情怀。领导干部只有像杨善洲一样挽起裤腿与人民一起干、一起学，才能获得人民的惦念与爱戴。诚如《中共中央关于党的百年奋斗重大成就和历史经验的决议》所指出的："中国共产党自一九二一年成立以来，始终把为中国人民谋幸福、为中华民族谋复兴作为自己的初心使命，始终坚持共产主义理想和社会主义信念，团结带领全国各族人民为争取民族独立、人民解放和实现国家富强、人民幸福而不懈奋斗，已经走过一百年光辉历程。"② 党的百年奋斗中，始终为人民谋利益，把人民作为一切奋斗的根基；在新征程中，我们更要以人民为中心，不断丰富人民的物质生活和精神世界，实现人的全面发展和共同富裕。

---

① 《邓小平文选》第1卷，人民出版社1994年版，第218页。
② 《中共中央关于党的百年奋斗重大成就和历史经验的决议》，人民出版社2021年版，第1页。

四 江山就是人民
"以人民为中心"的治国理政思想

党的十八大后，以习近平同志为核心的党中央提出了"人民对美好生活的向往，就是我们的奋斗目标"，进一步回答了新时代治国理政的最根本问题，就是要弄清楚我是谁、为了谁、依靠谁。执政为民，关注民生，权为民所用，利为民所谋，情为民所系，为了人民对美好生活的向往，这些一脉相承的观念，都表明了中国共产党已经自觉地从中华优秀传统文化中汲取政治思想智慧，是对民为邦本、民贵君轻、以民为本等传统治国理政思想的继承、创新和弘扬。

（一）进入新时代，对民为邦本传统观念和党为人民服务的宗旨有了新的阐述和发展

习近平总书记曾在不同场合反复强调："老百姓是我们的衣食父母""从思想和感情深处真正把人民群众当主人、当先生""在人民面前，我们永远是小学生，必须自觉拜人民为师""人民是我们党的工作的最高裁决者和最终评判者"。

百姓心中有杆秤，那秤砣就是民心民意。中国老百姓，绝大多数都是善良、朴实、憨厚的，但这种质朴憨厚不代表懦弱、愚昧、不明理，不代表他们容易被忽悠、被欺骗，他们对身边发生的一切，心里就像明镜一样清楚明白。领导干部如果不能摆正位置，放下架子，拜群众为师，向群众学习，就无法做到密切联系群众，就无法急群众之所急，办群众之所需，就无法做到全心全意为人民服务，就得不到人民群众的拥护和支持。

习近平同志任浙江省委书记期间，为《浙江日报》"之江新语"栏目撰写了200多篇短论，2007年，浙江日报社以《之江新语》为书名将其结集出版。开卷有益，系统研读《之江新语》的系列短论，特别是书中《心无百姓莫为"官"》《珍惜在位时》《不求"官"有多大，但求无愧于民》等文章，就像是一位长者对孩子的谆谆教导，入情入理、语重心长，无不蕴含着丰富的民为邦本思想。习近平同志始终坚持"以人民为中心"，无论是在陕北的梁家河，还是在河北的正定；无论是在福建、浙江、上海，还是在首都北京，都留下了他"为官一任，造福一方"的深深足迹。"心无百姓莫为官"始终是习近平同志的执着追求和真实写照。

进入新时代，习近平总书记坚持"以人民为中心"的治国理念。他说，"时代是出卷人，我们是答卷人，人民是阅卷人"，人民有信心，国家才有未来、才有力量。在十八届中共中央政治局常委同中外记者见面时，他19次提到了"人民"；党的十九大报告中，他203次提到了"人民"；十三届全国人大一次会议上，他84次提到了"人民"；党的二十大报告中，他对"江山就是人民，人民就是江山"作了新的系统阐述。

对"人民"二字的深度理解，所思所讲所行能直抵人心、激发共鸣，这都源于他对人民的情有独钟和对中华传统文化中民为邦本观念的深刻理解。1966年，还是一名初中生的习近平阅读到《县委书记的榜样——焦裕禄》这篇课文时，他倍感震撼，不禁潸然泪下。1990年，已任福州市委书记的习近平同志读了《人民日报》的头版文章《人民呼唤焦裕禄》后，不禁再次流泪，连夜填写了《念奴娇·追思焦裕禄》一词："百姓谁不爱好官？……两袖清风来去。为官一任，造福一方,遂了平生意"。在焦裕禄去世近50年后,习近平总书记亲自到兰考县做党的群众路线教育实践活动联系点工作,政声人去后,民意闲谈中。

(二)新时代新征程,以中国式现代化全面推进中华民族伟大复兴,更要敢于斗争、善于斗争,与一切官僚主义、形式主义作斗争,夯实党的群众基础

百代兴盛依清正,千秋基业仗民心。官僚主义和形式主义都是官本位思想意识的体现。官本位文化在中国也有着悠久的历史,在这种文化中,唯上不唯下、唯书不唯实是官员们普遍遵循的行为准则。官本位思想与中国共产党人所追求的全心全意为人民服务的宗旨是根本对立的,中国共产党是中国工人阶级的先锋队,同时是中国人民和中华民族的先锋队,作为中国特色社会主义事业的领导核心,中国共产党自成立之日起,就把全心全意为人民谋利益作为自己的根本宗旨和行为准则,对官本位思想进行强有力的破除。然而,传统文化封建糟粕的遗毒具有很强的历史惯性,直到今天,一些领导干部仍然深受其害,一旦当官,总认为自己高人一等,在工作、生活中,处处摆官架子,高高在上,不屑于接触群众,不关心群众的衣食冷暖。这种思想和行为与中国共产党密切联系群众的要求相去甚远,严重影响了党在人民群众心中的形象。2013年,习近平总书记在调研中,曾引用清代河南内乡县衙的一副对联:"吃百姓之饭,穿百姓之衣,莫道百姓可欺,自己也是百姓;得一官不荣,失一官不辱,勿说一官无用,地方全靠一官。"意思是地方官不要忘记自己的来历,要以百姓为父母,绝不可欺压百姓;要把自己的升降荣辱看得淡一些,为了百姓的利益,

即使丢了官职,也没有什么可耻辱的,要有责任心,要为官一任,造福一方。习近平总书记语重心长地对参加考察的领导干部说:"封建时代的官吏尚且有这样的认识,今天我们共产党人应该比这个境界高得多。"人民在总书记的心中,具有至高无上的地位。对各级党员干部来讲,总书记的讲话既是勉励也是告诫。"事虽小只要利民就大,权虽轻只要为民就重",党员干部要毫不动摇地贯彻党的群众路线,要牢固树立"以人民为中心"的发展思想,密切同人民群众的联系,切实做到蹲下去、深进去,与群众同呼吸、共命运、心连心,认真倾听群众呼声,反映群众诉求,努力打通与群众之间那道无形的墙,多干一些强基固本、造福人民的务实工程,少干一些昙花一现、劳民伤财的应景工程,真正体察百姓之难,了解百姓之苦,为自己留下好口碑,给人民创造好生活。唯有把党的群众路线根植于内心、根植于灵魂、落实到行动上,才能真正达到"本固邦宁",才能守好人民的心,使人民的红色江山代代相传。

(三)新时代推进"五位一体"建设,贯彻新发展理念,构建新发展格局,就是为了更好地实现人民对美好生活的向往,实现人的全面发展

1. 经济上让广大人民群众过上更好的富裕生活

党的十八大以来,我们打赢了人类有史以来最大的脱贫攻坚战,让十四亿多中国人民从此摆脱了贫困,实现了中华民族的千年小康梦,胜利实现了中国共产党的百年奋斗目标,兑现了对人民的承诺。为了让发展更加平衡、更加充分,推动全体人民走上共同富裕的道路,习近平总书记提出了"小康不小康,关键看老乡""一个民族不能落下"的共同富裕理念,他多次在农村考察,走遍田间地头,心系万家冷暖。了解木耳种植时,他称赞"小木耳大产业";看到挂满枝头的苹果时,他兴奋地说"这是最好的、最合适的产业"。他为老百姓找到了一条条致富之路而高兴,把老百姓的事情办好,让老百姓过上更加美好的生活,成了总书记的时时牵挂。

2.政治上更加巩固人民当家作主的地位

我国的国体是工人阶级领导的、以工农联盟为基础的人民民主专政,国家一切权力属于人民。在中国特色社会主义政治发展道路上,党的领导、人民当家作主、依法治国是有机统一的。党的十八大以来,我们坚持人民至上,不断探索发扬社会主义人民民主的广泛性、真实性和实用性,进一步健全人民当家作主的制度体系,不断丰富社会主义的民主实践内涵。

在推进马克思主义民主观的中国化时代化过程中,我们要正确认识几组辩证关系:一是动机与效果的关系。被列宁誉为中国11世纪最伟大改革家的王安石推行变法(熙宁变法),变法动机绝对好,绝对是为了国强民富,但效果却南辕北辙,不但深深伤害了老百姓的感情,而且增加了老百姓的负担,使老百姓怨声载道,民心改革变成了伤心变法,原来的支持者如司马光、苏东坡等人也坚决反对王安石变法。王安石变法在客观上帮了腐败者的大忙,最终导致改革彻底失败。做任何一件事,仅仅从动机出发是不够的,一定要把动机和效果结合起来考察;一项改革措施究竟是好还是坏,不能只看动机,一定要看效果。二是民主与民本的关系。民主与民本虽然都强调国家的基础是"民",但在本质内涵上及价值目标上是截然不同的。在本质内涵上,民主是一个政治概念,它所表征的是一种政治诉求;而民本则是一个道德概念，它所表达的是一种道德诉求。在价值目标上，民主是通过对政府权力的制约，防止社会政治权力被少数人所滥用，从而达到保护大多数人利益的目的；而民本的出发点则是解决国家政权的稳定和长治久安问题。三是口号与落实的关系。无论多么美好的理想目标，多么缜密的行动计划，如果不落实到行动上，结果永远等于零。在为民的问题上，不能只听其言信其行，而是要听其言观其行，不是看他怎么说，而是要看他怎么做，具体是怎么做的、怎么落实的，是否切切实实为老百姓做了实事，要知行合一。知之非艰，行之惟艰，懂得道理并不难，难在如何实行上，落地落实最关键。

3. 文化上让老百姓享受更好的精神生活，使中华民族成为文化丰富、信仰坚定、内心强大的伟大民族

党的十八大以来，习近平总书记在一系列重要讲话中，对如何弘扬中华优秀传统文化，培育和践行社会主义核心价值观，传承中华传统美德进行过多次非常精彩精辟的论述。例如，"要加强对中华优秀传统文化的挖掘和阐发"[①]，"培育和弘扬社会主义核心价值观必须立足中华优秀传统文化。牢固的核心价值观，都有其固有的根本。抛弃传统、丢掉根本，就等于割断了自己的精神命脉"，"中华传统美德是中华文化精髓，蕴含着丰富的思想道德资源"[②]，等等。习近平总书记关于传统文化的一系列论述表明，中华民族的伟大复兴、中华民族共有精神家园的建构、社会主义先进文化的建设、中华文化软实力的提升、中华传统美德的培育、中国人精神信仰的重建、中国社会新秩序的重

---

① 《习近平在哲学社会科学工作座谈会上的讲话》，《人民日报》2016年5月19日。
② 《把培育和弘扬社会主义核心价值观作为凝魂聚气强基固本的基础工程》，《人民日报》2014年2月26日。

建、中国梦的实现，都离不开传统文化。中华优秀传统文化是民族之根、民族之魂，是精神支柱，我们今天所从事的一切伟大事业，都离不开中华优秀传统文化，没有中华优秀传统文化的支撑，我们所从事的一切，将变成空中楼阁，无源之水，无本之木。习近平文化思想明确提出"着力赓续中华文脉、推动中华优秀传统文化创造性转化和创新性发展"。今天，我们更应该大力弘扬中华优秀传统文化，从历史文化中获得滋养，引领人民广泛践行社会主义核心价值观，用正确的价值观凝聚人心、汇聚民力，不断深化爱国主义、集体主义、社会主义教育，培养担当民族复兴大任的新时代接班人。

4. 建设更加和谐、平等、自由的社会体系，让人民享受到更加充实的幸福感、安全感

党的十八大以来，习近平总书记指导推动公民道德建设，大力"弘扬中华传统美德，加强家庭家教家风建设，加强和改进未成年人思想道德建设，推动明大德、守公德、严私德，提高人民道德水准和文明素养"[1]，"在全社会弘扬劳动精神、奋斗精神、奉献精神、创造精神、勤俭节约精神"[2]。公民的道德水准和文明素养不断提高，全社会逐步形成了崇尚道德、文明和谐的良好氛围，进一步筑牢了中国式现代化的文明根基。同时，人民群众的幸福感、安全感不断提高，当前我国已建成了世界上规模最大的教育体系、社会保障体系、医疗卫

---

[1] 习近平：《高举中国特色社会主义伟大旗帜　为全面建设社会主义现代化国家而团结奋斗——在中国共产党第二十次全国代表大会上的报告》，人民出版社2022年版，第44页。

[2] 习近平：《高举中国特色社会主义伟大旗帜　为全面建设社会主义现代化国家而团结奋斗——在中国共产党第二十次全国代表大会上的报告》，人民出版社2022年版，第44—45页。

生体系，现在我国人均预期寿命已达78.2岁，居民人均可支配收入达35100元，基本养老保险覆盖10.4亿人，基本医疗保险参保率稳定在95%。中国文化所追求的"老有所终，壮有所用，幼有所长，鳏寡孤独废疾者皆有所养"的大同理想，正走在实现的路途上、过程中。

5. 不断推动生态文明建设，让人民呼吸到新鲜的空气，吃到绿色生态的食品，享受到蓝蓝的天、清清的水、绿绿的山

党的十八大以来，以习近平同志为核心的党中央高度重视生态文明建设。2005年8月，时任浙江省委书记的习近平同志在浙江安吉县余村调研，第一次提出"绿水青山就是金山银山"的重要论述。2013年习近平主席在哈萨克斯坦纳扎尔巴耶夫大学发表演讲并回答学生提问时说："我们既要绿水青山，也要金山银山。宁要绿水青山，不要金山银山，而且绿水青山就是金山银山。"此后，习近平总书记多次在公开场合论及生态文明建设和生态环境保护问题，并提出了一系列新思想、新要求、新目标和新部署。党的十九大报告将环境问题的解决纳入了党的战略发展目标，提出"为把我国建设成为富强民主文明和谐美丽的社会主义现代化强国而奋斗"。党的十九大审议通过的《中国共产党章程（修正案）》总纲中又明确写入"中国共产党领导人民建设社会主义生态文明。树立尊重自然、顺应自然、保护自然的生态文明理念，增强绿水青山就是金山银山的意识"。在习近平生态文明思想引领下，绿水青山就是金山银山的理念深入人心，全国上下对土壤、水资源、空气的保护力度不断加大，为中华民族的子孙后代留下了良好的生存环境。立足当代，放眼千秋，这是最大最深沉的民本观。

五　中国式现代化
人民至上的现代化

人民至上观点是对民为邦本传统观念在推进新时代新征程中最好的继承和发展。"民为邦本"是写入党的二十大报告的经典之一。坚持把马克思主义基本原理同中国具体实际相结合、同中华优秀传统文化相结合是新时代新征程治国理政的重要政治思想智慧，与社会主义核心价值观高度契合。习近平总书记经常引用"民惟邦本，本固邦宁"这句典故，强调中国共产党就是要为民造福，只有做到这一点，党的执政基础在新的征程上才能坚如磐石。他在党的二十大后考察延安时对围在身边的人民群众掷地有声地说："中国共产党是人民的党，是为人民服务的党，共产党当家就是要为老百姓办事，把老百姓的事情办好。"[1]

党的二十大报告中为我们描绘的中国式现代化，就是人民至上的现代化。"中国式现代化是人口规模巨大的现代化、全体人民共同富裕的现代化、物质文明和精神文明相协调的现代化、人与自然和谐共生的现代化、走和平发展道路的现代化。中国式现代化的本质要求是：坚持中国共产党的领导，坚持中国特色社会主义，实现高质量发展，发展全过程人民民主，丰富人民精神世界，实现全体人民共同富裕，促进人与自然和谐共生，推动构建人类命运共同体，创造人类文明新形态。"[2]

展望中国式现代化，将更加健全人民当家作主的制度体系，推进

---

[1]《全面推进乡村振兴　为实现农业农村现代化而不懈奋斗》，《人民日报》2022年10月29日。

[2]《中国共产党第二十次全国代表大会在京闭幕》，《人民日报》2022年10月23日。

全过程人民民主的落地生根。全过程人民民主是贯彻人民至上理念和继承发展民为邦本传统观念最好的实践途径。全过程人民民主，人民既充分享有民主选举权利，又充分享有民主协商、民主决策、民主管理、民主监督权利；既参与国家事务管理，又参与经济文化事业和社会事务管理；既参与国家发展顶层设计的意见建议征询，又参与地方公共事务治理；既通过党委、人大、政府、政协、监察机关、司法机关等渠道表达意愿，又通过人民团体、企事业单位、基层群众性自治组织、社会组织以及其他组织等渠道表达诉求。全过程人民民主是最真实的民主，真正做到了人民当家作主；全过程人民民主是最管用的民主，能够切实解决人民需要解决的问题，能够把党的主张、国家意志、人民意愿紧密融合在一起，能够有利于集中力量办大事。因此，全过程人民民主是新时代中国特色社会主义的伟大创造，彻底地实现中国人民真正的当家作主。

展望中国式现代化，中国人民的精神世界将更加丰富充实，全体中华儿女的人格发展将更加全面，真正做到人民有信仰、国家有力量。中国人民将更加自信、自立、自强，中国人民将更加有志气、骨气、底气。中国共产党将引导和带领全国人民把历史进程中积累起来的强大能量充分发挥出来，"站稳人民立场，坚持人民主体地位，尊重人民首创精神，践行以人民为中心的发展思想，维护社会公平正义，着力解决发展不平衡不充分问题和人民群众急难愁盼问题"[1]，不断实现好、维护好、发展好最广大人民根本利益，团结带领全国各族人民不断为美好生活而努力奋斗。

---

[1] 《中共中央关于党的百年奋斗重大成就和历史经验的决议》，人民出版社2021年版，第73页。

第三章

为政以德

靳凤林　张雨琦

马克思主义基本原理同中华优秀传统文化相结合，是开辟和发展中国特色社会主义的必由之路。在推进中国特色社会主义文化发展、建设中华民族现代文明等重大现实问题的思考中，习近平总书记创造性地提出了"第二个结合"，强调中华优秀传统文化是中华民族的突出优势，是我们最深厚的文化软实力，将我们党对中华优秀传统文化的自觉传承发展推向新高度。党的二十大报告指出："中华优秀传统文化源远流长、博大精深，是中华文明的智慧结晶，其中蕴含的天下为公、民为邦本、为政以德、革故鼎新、任人唯贤、天人合一、自强不息、厚德载物、讲信修睦、亲仁善邻等，是中国人民在长期生产生活中积累的宇宙观、天下观、社会观、道德观的重要体现，同科学社会主义价值观主张具有高度契合性。"[1]"为政以德"的治理思想既是中华民族长期生产生活中的智慧结晶，也是我国历代执政者在长期工作生活中形成的重要政治品质，与马克思主义所倡导的人民至上的政治观念相融。新时代秉承着新的文化使命，中华民族伟大复兴进入关键时期，只有从中华优秀传统文化中汲取政治智慧，并对之进行创造性转化与创新性发展，才能在不断增进文化自信和增强历史主动中为中华民族的伟大复兴立根铸魂，在世界文化的澎湃激荡中站稳脚跟，进而彰显出中华民族政治伦理思想的独特精神标识。

---

[1] 习近平：《高举中国特色社会主义伟大旗帜 为全面建设社会主义现代化国家而团结奋斗——在中国共产党第二十次全国代表大会上的报告》，人民出版社2022年版，第18页。

一 融会贯通、相互激荡
为政以德思想的主要理论渊源

为政以德思想作为中华优秀传统文化的重要内容之一，凝聚了诸子百家的思想要旨，汇聚了传统政德的核心要义。众所周知，"为政以德"语出《论语·为政》篇："为政以德，譬如北辰，居其所而众星共之。"[①]孔子以众星围绕北极星的形象比喻，强调"政德"之于国家治理的重要意义，成为中国传统政治伦理的重要思想来源。当然，从更加广阔的文化视角看，为政以德并非儒家一家之言，而是诸子百家思想相互借鉴和融会贯通的结果。在中华文明历史长河中各种思想不断激荡，从而形成了恢宏庞大的政德理论体系，其中尤以儒家、法家、道家、佛教的贡献最为突出。

儒家文化是为政以德思想最为重要的理论来源，儒学又与经学相伴始终，因而在"五经"和"四书"中蕴含着解析儒家政德思想的关键。五经四书中的"为政以德"思想主要体现在三个方面：一是生生不息的创造性生命精神。历代儒者围绕"生"的问题进行了深度思考，"生"所代表的是一种对宇宙根源的探索，是对宇宙生命体及其内在精神的总体认知。《周易·系辞传》中有"天地之大德曰生""生生之谓易"[②]。"生"既是天道之德，也是人道之德，人作为天地万物之精华，应将上天赋予自己的潜能与禀赋发挥出来，充分彰显自身的生命价值，在不断地效法天地和德配天地中，将天道之"实然"变为人道之"应然"。二是以"仁"为核心的政治伦理观。孔子将"仁"的价

[①] 杨伯峻：《论语译注》，中华书局2012年版，第15页。
[②] 周振甫：《周易译注》，中华书局2013年版，第271页。

值充分发挥出来，为后世儒家的延续与扩展奠定了基本的理论框架。"仁"的内涵丰富多样，既可以指人的内在德性，也可以指为人处世的基本原则，还可以标示个体道德修养的理想境界。然而无论其内涵如何复杂，"仁者，人也"[1]，"仁"始终与人相关，是人之为人的根本。三是极高明而道中庸的人生境界。儒家从根本上讲是一种为己之学，即高度重视个体人格的不断发展与完善，强调"君子中庸，小人反中庸"[2]。要成为一名杰出的君子必须以中庸为核心原则，一方面不断努力成就自我的道德人格，另一方面尽职尽分地扮演好自己的人伦日用角色。

  法家从人性趋利避害的视角出发，强调以"法"作为核心进行治国理政，对儒家政治伦理思想进行了重要补充。法家在历史上名人众多，诸如管仲、子产、商鞅等，其中，《韩非子》一书集法家思想之大成，极大地丰富了法家的治国理政思想。法家的主要思想包含法、术、势三者，韩非对三者的内涵及其相互关系进行了深入探讨。所谓"法"，指的是君主制定的成文法令，这一法令在全境内适用，百姓无论身份贵贱都应熟知。然而，由于法天然具有条件性、滞后性、缺漏性等特质，仅靠明确的法令并不能使一个国家强大起来，要使国家得到治理还需要君主具备"术"的修养。法家认为君王必须掌握"南面之术"的内在奥秘，"南面之术"亦即"心术"，主要强调用各种权术方法驾驭臣民，涉及臣子的选拔、任用、考核等复杂内容，其根本目的是维护统治阶级政权的稳固。此外，法家还特别强调"势"的作用，认为君主要善于运用自己优越于臣子的"权势"来使万民归附，并将

---

[1] 朱熹：《四书章句集注》，中华书局1983年版，第28页。
[2] 朱熹：《四书章句集注》，中华书局1983年版，第18页。

权势牢牢地掌握在自己手中，稍有差失便极有可能导致上下易位。法、术、势三者相辅相成，为君王管理国家提供基本的方法策略。秦代之后，法家不再是中国的显学，自汉武帝始，"阳儒阴法、德刑并用、王霸结合"已成为中国封建社会历代王朝治国理政的基本方略，法家的理念以一种更为隐秘的方式融入了政治。

道家学派由老子与庄子开创，以《道德经》和《庄子》为其主要经典。在道家看来，"道"是宇宙万物的本体，为政必须顺应"道"的基本规律，奉行无为而治的统治原则以达到无所不治的现实效果。一般说来，道家与儒家总是相伴而行，二者既有相互借鉴、互相促进的共通之处，也有针锋相对、势不两立的相异之处。从为政理念上看，道家主张君主顺应自然之道、清静无为，儒家则主张君主应积极主动、奋发有为。从为政手段上看，道家不仅重视以"道"治国，也十分强调为政之"德"，要求为政者以从容不迫的心态化解社会中的纷乱，与儒家从礼仪规范和人伦关系角度所主张的为政以德有重要区别。当然，儒家与道家的对立并非绝对，《道德经》讲："圣人无常心，以百姓之心为心。"[1] 二者在重视民心的价值取向上又有内在一致性。道家对人的本真自然的重视，对人的个体自由的呼唤，使古代文人士大夫在无法实现"兼济天下"的雄伟抱负时，还能转向"独善其身"的本心回归之路。

佛教作为世界三大宗教之一，经汉至唐600多年的发展，最终形成了富有中国本土意味的各种佛教流派。中国化的佛教包括天台宗、禅宗、华严宗等诸多派别，拥有《金刚经》《心经》《六祖坛经》《法华经》等广为人知的佛教经典。佛教的治国理政思想与其根本宗旨有

---

[1] 王弼：《老子道德经注校释》，楼宇烈校释，中华书局2008年版，第129页。

关，佛教强调通过否定、去蔽、遮遣等方法去除人心中的固执、迷恋，以达到见性成佛、体悟生命本真的自由之境，要求为政者应当破开自己内心深处的牢笼，不断净化自我的内在心灵。具体而言，为政者需要达到"五戒十善"标准，"五戒十善"对为政者的行为、言语、心性进行了全面规范，不贪、不嗔、不痴是对为政者提出的基本要求。佛教各派的灵性修养方式各有侧重，天台宗崇尚"三谛圆融"的一心观照万物；华严宗重视心灵开放以达到"理事无碍"；禅宗主张通过瞬间顿悟来识得本心，立地成佛。总之，佛教为国家治理提供了丰厚的灵性修养资源，强调为政者必须努力提升生命的内在境界达到自我的觉知状态，进而逐步达至觉他的层次，形成一种超越阶级、等级、血亲等各种差别之后的大爱。

中国传统为政以德的思想理论正是由儒家、法家、道家、佛教等诸多思想流派，在长期相互激荡、氤氲化润、融会贯通基础上，逐步生成的历史悠久、恢宏庞大、丰富多彩的思想体系。这些政治伦理思想主张彼此互补，相辅相成，经过历代思想家和各级官员的不断丰富、发展和完善，共同塑造了中国古代官员儒以处世、法以用权、道以养生、佛以修心的精神世界和政治实践。中国共产党人要强化自身的党性修养水平，就必须深入了解中国传统官德的上述思想资源、基本经典著作和内在精神特质，并在此基础上结合党内外政治生活实践，对之进行创造性转化和创新性发展。包括：将儒家生生不息、以人为本、奋发向上的精神，转化为当代领导干部信念坚定、勤政为民、敢于担当的道德责任意识；将法家重视法制、循名责实、乘势而上的国家治理理论，转化为当代中国依法治国、权责统一、因势利导的治国理政思想；将道家尊崇天道、清虚自守、居穷达变的处事态度，转化为当代共产党人尊重自然、去奢就俭、身心和谐的人生哲学；将佛教去蔽遮遣、自识本心、返本归极的宗教灵修方式，转化为当代共产党人淡泊名利、自省慎独、心灵纯粹的党性修养方法等。只有在不断的涵咏经典中濡化自身的德性素养，由浮华、矫饰、躁动走向质朴、真诚、淡雅，最终才能树立起一名伟大君子——"文明伴随质朴、生活归于简单、心灵达至纯粹"的终极信念。也唯其如此，中国共产党人才能真正形成自己鲜明的文化主体意识，成为中华优秀传统文脉的继承者、创新者和发扬光大者，从而无愧于伟大时代赋予共产党人的文化使命。①

二 以民为本、家国情怀
为政以德思想的根本价值取向

为政以德思想蕴含着丰富的民本理念，要求为政者应以民众作为治国理政的出发点与落脚点。儒家创始人孔子提出了"为政以德"的命题，《大学》则将其系统化、理论化，奠定了儒家民本思想的基本框架。在千百年的历史流变之中，儒家民本理念逐渐转化为古代士人的家国情怀，熔铸为中国古代官员毕生的价值追求。

《大学》对儒家为政以德思想作了概括性的总结，其所提出的"三纲领"精准表达了为政以德的民本意蕴。《大学》开篇即言："大学之道，在明明德，在亲民，在止于至善。"②"明明德"的意思是将人内心中先天赋予的光明之德扩充、发扬出来。以"明明德"开篇，意

---

① 参见靳凤林《传承文脉与提高官德水平》，《光明日报》2017年2月27日。
② 朱熹：《四书章句集注》，中华书局1983年版，第3页。

在强调治理国家天下的关键就是"德",这既表明了德先于位,有位者必有其德的内在要求,也明确了君子必须以德润才、以德帅才,将道德素质的考察置于优先地位。君子之德最突出的表现是"亲民","亲民"二字历来有不同的解释,但它以爱民、教民为基本意蕴。"亲民"理论的内涵可概括为三个方面:一是民贵君轻的君民观。孟子最早提出"民为贵,社稷次之,君为轻"①。二是先民后官的义利观。为政者须将百姓的利益置于个人利益之前,百姓富足国家自然富强,"百姓足,君孰与不足?百姓不足,君孰与足?"②三是民心向背的政治观。历朝历代导致国家治乱兴衰的根本原因是民心之所向,民心向背对政权的存续具有决定性意义,正所谓"得天下有道,得其民,斯得天下矣"③。而"止于至善"则是表达为官从政应当追求的"修己以安人"的理想目标和至高境界,是对"明明德"与"亲民"两个环节的辩证综合。

中国传统士人阶层继承了为政以德思想的基本价值取向,将其化为利国利民的价值主张和爱国爱民的家国情怀。以北宋时期著名贤臣之一范仲淹为例。庆历三年八月,范仲淹针对北宋的内忧外患提出了一系列改革举措,涉及政治、军事、经济、民生等方方面面。然而,几个月后"庆历新政"宣告失败,范仲淹被贬河南邓州,他虽然未曾到过湖南岳阳,却在河南邓州写下了历史名篇《岳阳楼记》,以"先天下之忧而忧,后天下之乐而乐"的士大夫精神表达了自己忧国忧民的家国情怀,生动诠释了为政者"以天下为己任"的责任担当。北宋

---

① 《孟子》,方勇译注,中华书局2015年版,第289页。
② 杨伯峻:《论语译注》,中华书局2012年版,第177页。
③ 《孟子》,方勇译注,中华书局2015年版,第136页。

大儒张载曾受到范仲淹点拨，写下脍炙人口的"横渠四句"，与之一脉相承。"为天地立心"即为社会确立以道德为核心的文化价值，"为生民立命"即为民众寻求安身立命之所，"为往圣继绝学"即将中华文脉基因尧舜周公孔孟之道传续下去，"为万世开太平"即为人类幸福的共同事业而努力奋斗。"横渠四句"突显了士人阶层的使命担当，激励了无数仁人志士。近代以来，中华民族面临巨大的生存危机，清朝的著名民族英雄林则徐坚定捍卫民族大义，严禁鸦片以抵抗西方列强的精神侵蚀。林则徐最为人称道的名句就是"苟利国家生死以，岂因祸福避趋之"。当时，禁烟加剧了国内局势的恶化，英军利益受阻而发动了鸦片战争，遭到奸人诬陷的林则徐成了替罪羊，道光帝下令革除其官职发配边疆。林则徐在流亡途中写下这一表达为国为民的历史名句，充分彰显了他在民族国家危难之际不畏强权，勇于为国为民承担历史责任，将爱国爱民的价值理念贯彻始终的崇高人格风范。

当代中国共产党人正是秉持以民为本的基本价值取向，创造性地提出了群众观点和群众路线，而后逐渐造就了中国共产党人百年奋斗历程中的群众作风，最终形成全心全意为人民服务的根本宗旨。党的七大报告中，毛泽东提出"人民，只有人民，才是创造世界历史的动力"[①]的重要命题。正是从马克思主义唯物史观中，中国共产党人深刻认识到了人民群众的主体地位，对人民的内涵作出了符合历史的界定。1945年，毛泽东在《论联合政府》中指出："我们共产党人区别于其他任何政党的又一个显著的标志，就是和最广大的人民群众取得最密切的联系。"[②]这构成了中国共产党人宝贵的历史经验。毛泽东在

[①] 《毛泽东选集》第3卷，人民出版社1991年版，第1031页。
[②] 《毛泽东选集》第3卷，人民出版社1991年版，第1094页。

《必须给人民看得见的物质福利》中指出："一切空话都是无用的，必须给人民以看得见的物质福利。"[①] 密切联系群众，就要真切地满足人民群众的基本需要。为了进一步扶助农民、改善农民生活，党中央同年发布了《关于抗日根据地土地政策的决定》和《关于如何执行土地政策决定的指示》两个文件，细化了减租减息政策。除了实施利民政策，中国共产党人始终保持与群众的密切联系，时刻注重自身的典范作用。如延安时期，为了克服财政上的困难局面，不管工作多么繁忙，毛泽东始终坚持亲自参加劳动，坚决不要人代耕，号召党员干部和广大人民群众"自己动手，丰衣足食"。这种与人民同在的精神形成了上行下效的良好风气，极大地调动了人民群众的生产积极性，赢得了广大人民群众的拥护爱戴之心。

三 修身为本、内圣外王
为政以德思想的基本实现途径

为政以德反映在个体的政治实践中就是强化个体的道德修养。所谓"君子之德风"，意在说明为政者的政治理念、道德品质、行为作风都会及时地反映到治国理政的方方面面，因此修养身心就成为为政以德能否实现的关键。中国古代君子将为人之道与为政之道紧密结合起来，修身功夫及方法丰富多样，历经千百年的发展，逐渐形成了重视为学修心的修养论，为士人阶层为政以德提供了基本的实践路径。

《大学》中的"八条目"阐明了为政以德思想的实现途径就是要达到"修己安人"与"内圣外王"的辩证统一。《大学》中以"格物、

[①] 《毛泽东文集》第2卷，人民出版社1993年版，第467页。

致知、诚意、正心、修身、齐家、治国、平天下"的形式进行了高度概括，明确了为政者以何种途径实现"三纲领"的价值追求。其中，以"格物致知""诚意正心"为主要内容的修身功夫构成"八条目"的核心内涵。"格物致知"表明了儒家对为学的重视，为学是为政的基础所在，只有掌握了社会、政治的相关知识才能具备基本的文化素质，从而掌握治国理政的根本规律。"诚意正心"凸显了为政者修养的内在功夫，诚意首先意味着真实，为政者意念真诚就意味着不欺骗自己的内心，只有不欺骗自己才能不欺骗他人。要使自己达到表里如一、言行一致，必须从细微处着手，时刻反思自己的言行举止。"正心"体现了儒家所强调的以理导欲与听从良心指引，为政者必须用道德理性去排除内心的烦乱与外部的干扰，因为在感性欲望与负面情绪的支配下，个体往往不能作出正确的抉择，必须用理性对自身的不当情欲和负面情绪进行规范疏导，才能在从政之中作出正确的理论判断与价值选择。

以修身为本的成己成人之路在数千年的发展中成为中国文化的显著特质。以个体道德修养作为起点的政治伦理思想为中华文明所独有，历代文人士大夫在"自天子以至于庶人，壹是皆以修身为本"的影响之下，形成了各自风格独到的身心修养方法。陶渊明以安贫乐道的方式诠释了文人士大夫隐逸后的身心修养问题。陶渊明家中三世为宦，从小对儒家思想耳濡目染，自幼便憧憬着成为一名儒者，他在《读史述九章·屈贾》一诗中写道："进德修业，将以及时。如彼稷契，孰不愿之？"[1]此句表达了陶渊明希望增进道德修养、学业见识的迫切心情，抒发了他远大的政治抱负与人生理想。然而不愿与奸人为伍的他

---

[1] 《陶渊明集》，吴泽顺编注，岳麓书社1996年版，第104页。

选择了归隐田园，仍然坚守着君子"朝与仁义生，夕死复何求"①的人生信条，在"穷则独善其身"的通变之中，陶渊明寄情于山水田园，在自然的陶冶中修养身心，始终保持自己的人格独立。与之不同的是，曾国藩则以内圣外王的方式诠释了文人士大夫主政中的身心修养。曾国藩是晚清著名的政治家，毛泽东曾对其作出"愚于近人，独服曾文正"②的极高评价。曾国藩毕生的修养心得都凝结在他对家人的叮嘱之中。在赴天津办理教案前夕，他给家中写下了近乎遗嘱性质的家信，在信的结尾处说道："今书此四条，老年用自儆惕，以补昔岁之愆；并令二子各自勖勉，每夜以此四条相课，每月终以此四条相稽，仍寄诸侄共守，以期有成焉。"③书中的"四条"分别为：慎独心安、主敬身强、求仁人悦、习劳神钦。"四条"既有内在修心之法，又有外在行动之方，简洁明快，一目了然，体现了曾国藩多年修身的身历心悟，同时也是对传统修身之道的传承与发展。

中国共产党人同样重视共产党员的道德修养，在革命实践中将传统修养途径进一步提炼为"批评与自我批评"的党性修养方法。1939年7月，中国老一辈无产阶级革命家刘少奇同志在延安马列学院发表了题为《论共产党员的修养》的演讲，刘少奇提出："要有无产阶级的思想意识和道德品质的修养；要有坚持党内团结、进行批评和自我批评、遵守纪律的修养；要有艰苦奋斗的工作作风的修养；要有善于联系群众的修养，以及各种科学知识的修养等。"④批评与自我批评是中国共产党人的优良作风，通过批评与自我批评的方式加强自身的道

---

① 《陶渊明集》，吴泽顺编注，岳麓书社1996年版，第80页。
② 《毛泽东早期文稿》，湖南出版社1990年版，第105页。
③ 《曾国藩全集》第2册，邓云生编校标点，岳麓书社1985年版，第1428页。
④ 刘少奇：《论共产党员的修养》，人民出版社2018年版，第21—22页。

德修养水平，坚定不移地与群众站在一起。这一革命的修养论一方面继承了传统修身观，将共产党员的内在道德修养作为基点；另一方面发展了修养的基本内容，注重将道德修养内置于党员的组织纪律修养之中，不断自我净化、自我完善。具体而言，批评与自我批评的方法需要注意一些基本原则。陈云提到上级对下级的批评原则："上级领导人对下级的批评，务必要适当和正确，千万不要戴大帽子"[1]。把握适度的关键在于我们党所采取的态度，这就是毛泽东同志讲的："对待思想上的毛病和政治上的毛病，决不能采用鲁莽的态度，必须采用'治病救人'的态度，才是正确有效的方法。"[2] 批评与自我批评还"必须将关心和倾听党外人员的意见和要求及向党外人员学习，作为每个共产党员的严重责任"[3]，充分听取党外人士的正确意见。在各抗日根据地内的政府系统、参议会系统等各级领导机关均应实行"三三制"，按照共产党员占三分之一、愿与中国共产党合作的党外人员占三分之二的比例贯彻落实。通过批评与自我批评的党性修养方法，中国共产党人在工作中不断检讨自己的错误与缺点，帮助其他党员干部发现自己的问题，提升自己的道德修养与业务能力，使我们党始终保持生机与活力。

---

[1]《延安时期党的重要领导人著作选编》下册，中央文献出版社2014年版，第346页。
[2]《毛泽东选集》第3卷，人民出版社1991年版，第828页。
[3]《毛泽东文集》第2卷，人民出版社1993年版，第395页。

四　贵和尚中、至德无文
为政以德思想的核心伦理原则

要深刻把握为政以德的核心原则就必须对古代伦理关系与道德条目有所了解。中国传统文化中各种伦理原则与道德条目数不胜数，如三纲、五常、四维、五伦、八德等，这些条目规定了为政者在不同场合、角色、情境下的基本准则。然而在这些纷繁复杂的条目中，始终有一条贯穿其中的中轴线，这就是《中庸》所反复提到的"贵和尚中"思想。"中和"思想经过千百年的发展，已经深入中华民族的血脉之中，逐渐内化成中华民族精神世界的思维方式、行为准则、处事态度，也已成为中华文明区别于西方文明的重要标识，成为中国之为中国的一种文化形态集成。

"中和"一词集中反映了儒家政治伦理的精密设计，体现了为政者德性修养的最高境界，同时也规定了为政者成己成人的核心原则。《中庸》讲："喜怒哀乐之未发，谓之中；发而皆中节，谓之和。"[1] 中和就是君子安身立命的根本，这里的"中"指的是一种本体论状态，是上天赋予人的先验性存在，是"喜怒哀乐之未发"；"和"则是对人的现实要求，是"发而皆中节"所达到的现实成就。"中和"在身心关系中表现为身心和谐的"至德无文"境界。老子在《道德经》中讲"为学日益，为道日损"[2]，"为学"重在向外日积月累，"为道"重在向内不断革除，这一过程体现了主体对自身心灵的内在观照，须层层剥离使本心回归到自然本真的状态，"为学"与"为道"的比照向为政

---

[1]　朱熹：《四书章句集注》，中华书局1983年版，第18页。
[2]　王弼：《老子道德经注校释》，楼宇烈校释，中华书局2008年版，第127页。

者揭示了大道至简的深刻道理。《中庸》对《道德经》中的思想进行了继承与发展,将这一境界的具体表征概括为"'上天之载,无声无臭',至矣"。[①]这一至德无文的境界显现于个体的生命之中,就化为了君子质朴和纯粹的人格形象。为政者应有君子式的人格风范,去掉繁复的修饰让心灵回归到纯粹的状态,达到身心内外的和谐统一。质言之,现代文明的最大威胁是浮华、矫饰与躁动,大道的质朴、真诚与淡雅对于人类文明具有基础性价值,它是"人文"的"天文"根基,因此,伟大君子的终极信念当是文明伴随质朴,生活归于简单,心灵达至纯粹。犹如生命往往在其晚年才返璞归真一样,文明在其极盛之时抵达的是平淡、简约与纯粹。

"贵和尚中"是中华传统文化的基本精神所在,是中国文化中具有强大生命力的精粹内容。在文化建设层面,贵和尚中的基本精神要求必须对文化进行适度调和。春秋战国时期,中国历史上出现了各种思想流派百家争鸣的繁荣局面,诸子百家彼此诘难而又相互借鉴,在对立之中达到统一。隋唐时期儒释道并立,经过宋代儒者的发展,宋明理学以兼容并包的心态会通佛老,使得三教合流的格局基本成型。可见,无论是同类文明内部的百家争鸣,还是异质文明的吸收借鉴,贵和尚中的基本精神都始终贯穿传统文化的发展之中。在政治原则上,贵和尚中的基本精神要求历代统治者对人与人之间的相互关系进行协调,维护好君、臣、民之间的和谐统一,尤其重视"和"的功能的发挥,以此来调和不同阶层群体之间的差异与对立,共同实现和衷共济、协和万邦的天下理想。在为人处世中,贵和尚中的基本精神则要求个体人格的均衡发展,达到身心和谐统一,表现在言行举止中则是合乎

---

① 朱熹:《四书章句集注》,中华书局1983年版,第40页。

社会的基本道德规范，尤其注重个体情感的表露要合乎"礼"的规范，这也塑造了中国人温文尔雅、谦让不争的"中和"特质。

中国共产党人继承了这一优秀传统文化，将"中和"的核心伦理原则广泛应用于革命与建设的具体实践之中。1939年，毛泽东在给张闻天的信中就中庸问题专门进行了说明。首先，毛泽东十分肯定"中庸"这一范畴的思想价值，他指出："这个思想的确如伯达所说是孔子的一大发现，一大功绩，是哲学的重要范畴，值得很好地解释一番。""依照现在我们的观点说来，过与不及乃指一定事物在时间与空间中运动，当其发展到一定状态时，应从量的关系上找出与确定其一定的质，这就是'中'或'中庸'，或'时中'。"[①] 马克思主义的唯物辩证法与传统文化的"中庸"思想具有高度的契合性，毛泽东以质量互变规律对"中庸"的传统智慧进行了深刻的阐释，将过阐释为"左"倾，即未达到事物质变状态时强行改变现状；不及则是右倾，即仍旧在事物原有状态中停滞不前。在新民主主义革命的进程中，毛泽东始终注重前进方向上的"中庸"原则，既要防止党内的"左"倾错误，又要反对右倾错误，在防"左"反右中不断前行。"中庸"的原则表现出来就达到了一种"和"的状态。1953年12月，周恩来在同印度代表团的谈话中，提出了和平共处五项原则：互相尊重主权和领土完整、互不侵犯、互不干涉内政、平等互利与和平共处。这一外交原则自20世纪70年代起，成为我国处理国与国之间外交的基本原则。正因为中国共产党人秉持着以和为贵的原则，新中国成立后的外交工作取得了显著成效。

---

① 《毛泽东书信选集》，人民出版社1983年版，第147、146页。

五　铸魂立根、正身正德
为政以德治理思想的时代之鉴

习近平总书记指出："一个国家的治理体系和治理能力是与这个国家的历史传承和文化传统密切相关的。解决中国的问题只能在中国大地上探寻适合自己的道路和办法。"[①] 党的二十大报告中再次阐明了"两个结合"的重大意义，这既是马克思主义保持蓬勃生机的必然选择，也是探寻中国式现代化的题中应有之义。党的十八大以来，以习近平同志为核心的党中央注重从中华优秀传统文化中汲取治国理政的智慧，把道德视为个人、社会发展的基础，将崇德修身摆在做人做事的第一位，提出了明大德、守公德、严私德的政德观，对为政以德这一重要命题作出了符合时代要求的全新而又深刻的理论诠释。

（一）以"明大德"铸魂

习近平总书记强调，"明大德，就是要铸牢理想信念、锤炼坚强党性，在大是大非面前旗帜鲜明，在风浪考验面前无所畏惧，在各种诱惑面前立场坚定"[②]。大德是中国共产党人前行的指路明灯，只有时刻将大德铭记于心，中国共产党人才能坚持正确的政治方向、践行初心使命。在传统文化中，大德意味着心胸广博、安贫乐道的道义精神。对于中国共产党人而言，大德意味着坚定的理想信念。领导干部的理想信念体现个体道德追求与中国共产党理想信念的高度统一。一

---

① 《牢记历史经验历史教训历史警示　为国家治理能力现代化提供有益借鉴》，《人民日报》2014年10月14日。

② 《习近平李克强栗战书赵乐际分别参加全国人大会议一些代表团审议》，《光明日报》2018年3月11日。

方面，在道德理性培养、道德情感培育、道德意志磨砺之中，追求自身道德人格的发展与完善；另一方面，在个体道德人格完善的过程之中不断追求一名党员的社会理想，永远秉持着共产主义理想信念的初心与使命。

缺乏理想信念的支撑，中国共产党人就难以抵制外界的各种诱惑，难以克服内心的各种欲望，从而失去精神上的"钙"。党的十八大以来，以习近平同志为核心的党中央以自我革命的勇气与定力，着重推进党风廉政建设与反腐败工作，全面从严治党取得了显著的成效，然而全党必须清醒地认识到，全面从严治党具有复杂性、长期性，决不能有歇脚、厌战的畏难情绪。当前，维护党中央的权威和集中统一领导，严厉打击党内不正之风，及时发现、着力解决"七个有之"问题。十年间，全国纪检监察机关立案审查中管干部500多人，多数被指违反党的政治纪律与政治规定，"搞任人唯亲、排斥异己的有之，搞团团伙伙、拉帮结派的有之，搞匿名诬告、制造谣言的有之，搞收买人心、拉动选票的有之，搞封官许愿、弹冠相庆的有之，搞自行其是、阳奉阴违的有之，搞尾大不掉、妄议中央的也有之"[①]。领导干部之所以出现丧失党性、精神懈怠、消极腐败等政治忠诚问题，都是因为理想信念这一精神支柱丢失了。领导干部要在清醒把握"两个大局"的基础上，推进理论革新、磨炼坚强意志、加强道德修养，将理想信念内化于心、外化于行，自觉成为习近平新时代中国特色社会主义思想的忠实拥护者和坚定践行者。

[①] 《习近平关于党风廉政建设和反腐败斗争论述摘编》，中国方正出版社、中央文献出版社2015年版，第50页。

（二）以"守公德"立根

"守公德，就是要强化宗旨意识，全心全意为人民服务，恪守立党为公、执政为民理念，自觉践行人民对美好生活的向往就是我们的奋斗目标的承诺，做到心底无私天地宽。"[1]公德是中国共产党人前行路上最大的底气，只有坚持奉公克己、大公无私，中国共产党人方能破除万难、行稳致远。公德首先指的是公民道德与公共道德，中国共产党人作为公民的代表，理应达到基础性的公民道德要求，做到爱国、敬业、诚信、友善等。公共道德则是强调道德发生的场域，即在公共场所应当遵循的道德规范，这是一个人文明素质的体现，也是一个现代化国家的基本公共生活规范。公德对中国共产党人而言还意味着为公的道德，能够辨明公与私的界限、集体与个体的界限。人民是中国共产党的根基与血脉，中国共产党人为公的原则集中体现为以人民为出发点、以人民为落脚点。领导干部只有清醒地认识到全党为谁执政、为谁用权、为谁谋利，摒除个人私欲、坚持人民至上，才能真正做到全心全意为人民服务。

新时代十年来，中国共产党和中国人民团结奋斗，完成了脱贫攻坚、全面建成小康社会的历史任务，创造出了彪炳史册的脱贫奇迹。在脱贫攻坚的艰难战役中，涌现出了一大批党的杰出代表人物，他们将全心全意为人民服务的宗旨贯彻落实于扶贫工作中，获得了广大人民群众的认可。有着"当代愚公"称号的毛相林是重庆市巫山县竹贤乡下庄村村委会主任，他从小就听村里的老人说"下庄像口井，井有

---

[1]《习近平李克强栗战书赵乐际分别参加全国人大会议一些代表团审议》，《人民日报》2018年3月11日。

万丈深",自此他的心中埋下了一粒打通下庄与外界联系的种子。终于在1997年的一天,毛相林到县里开会,他惊讶地发现以往发展水平差不多的邻村,村民们居然已经用上了电视机,这使得他下定决心要改变下庄村村民闭塞落后的生存现状。在坚守偏远、贫困、落后的下庄村的40余年里,毛相林以矢志不渝、百折不挠的坚定气魄,带领下庄村人在绝壁上凿出了一条通往脱贫致富的"天路"。道路通了,经济发展起来了,村民们的生活蒸蒸日上,毛相林用自己的实际行动生动诠释了坚持人民至上的真谛,他无愧于"人民的好书记"这一光荣称号。

(三)以"严私德"正身

"严私德,就是要严格约束自己的操守和行为。所有党员、干部都要戒贪止欲、克己奉公,切实把人民赋予的权力用来造福于人民。要把家风建设摆在重要位置,廉洁修身,廉洁齐家,防止'枕边风'成为贪腐的导火索,防止子女打着自己的旗号非法牟利,防止身边人把自己'拉下水'。"[①] 私德既是指私人领域、私人空间下的个体道德,同时也包括了与个体密切相关的亲友的道德规范。小节不守,大节难保。事实证明,作风问题根本上是党性问题,党员干部在政治上、思想上、组织上、纪律上出现的问题,都将体现在其工作、生活作风之中。因此,领导干部要严格约束个人的作风问题,最为根本的是要从个人做起,从日常生活细节出发,规范个人的言行举止,防微杜渐、持之以恒。除此之外,约束个人作风还要从身边人做起。家风是一个

---

① 《习近平李克强栗战书赵乐际分别参加全国人大会议一些代表团审议》,《人民日报》2018年3月11日。

家庭的精神内核，良好的家风在潜移默化中影响着每一位家庭成员，尤其是领导干部更需要严格树立家风，对家庭中出现的不正之风严厉禁止，创造一个清正廉洁、健康向上的家庭氛围，形成以作风带动家风、以家风涵养作风的良性循环。

中国共产党人在百年奋斗历程中涌现出了诸多作风正、家风好的先进模范人物，龚全珍的家庭便是万千小家中的代表。1923年龚全珍出生于山东烟台，是江西省萍乡市南陂小学原校长，她还有一个更为人所熟悉的身份——甘祖昌的夫人。甘祖昌同志是新中国开国将军，经历了长征、抗日战争、解放战争等著名战役，长期的战争给他留下了难以治愈的后遗症，甘祖昌的身体状况已不能支持他继续战斗在第一线。1957年，甘祖昌与龚全珍毅然放弃较好的休养条件，选择回到了家乡，龚全珍务农并从事乡村教师工作，甘祖昌则带领乡亲们努力投入建设。夫妻俩将自己所得的大部分工资用于支援家乡建设，舍不得为家里添置好的生活用品，也舍不得为孩子们添置新衣裳。除了生活朴素，夫妻俩还对子女严格要求，从不让自己的子女享受"将军后代"的好处。两位老党员生活中艰苦朴素、严于律己的个人作风，深刻地影响着家庭成员的精神面貌。作为老革命家的后代，三女儿甘公荣赓续了红色家风传统，在2000年金融系统改制时，主动要求内退，将工作的机会留给了同事。龚全珍以身作则，不仅成为儿女的骄傲与榜样，也起到了以上率下的作用，带动全社会形成良好的家风。

综合以上论述不难看出，中华传统文化塑造了中国人独特的文化心理结构与民族基因记忆，只有知道我们来自哪里，才能更好地明白我们要向着哪里去。在中国式现代化的新征程中，中华优秀传统文化仍旧扮演着十分重要的历史与现实角色，其中的为政以德思想彰显了中华优秀传统文化所蕴含的政治智慧，只有立足于这一思想才能理解国家治理体系与治理能力现代化的深厚文化底蕴，理解中国道路的历史必然与文化内涵，在新征程中继续发挥出中华文明的独特优势。今天，中国共产党仍然面临着内外部的多重执政考验，党员干部必须深刻理解为政以德思想的丰富内涵，以明大德牢固铸就信念之魂、以守公德坚实锻造为公之根、以严私德扎实推进作风之正，自觉培育高尚的道德品质，使为政以德思想与时俱进，不断焕发出新时代的勃勃生机。

第四章

革故鼎新

王风

"革故鼎新"一语源自《周易》，意思是"更改旧的，定立新的"。革命是革故鼎新，改革也是革故鼎新。汤武革命，命改制未改。秦人革命，命改制亦改。汤武、秦人虽曰改制改命，但贵族统治庶民的天尊地卑根本制度自古未尝摇动。及至新中国成立，人民当家作主，命与制皆天翻地覆，乃实现华夏文明最深刻之革故鼎新。改革开放四十多年来，中国自我更新，脱胎换骨，体魄日益康强，生机日益茁壮。党的十八大以来的伟大变革，推进中华民族伟大复兴进入不可逆转的历史进程。中华民族伟大复兴正推动人类文明革故鼎新。

一 理念内涵
新旧交替与文明进步

　　"革故鼎新"源自《周易》。从汉代到清代，《周易》作为群书之首，既是文明的首要典籍，也是政治的首要典籍，地位高，影响大。

　　《周易》由《易经》和《易传》构成。《易经》分上下两篇。《易传》包括《彖传》（上下篇）、《象传》（上下篇）、《系辞传》（上下篇）、《文言传》、《说卦传》、《序卦传》、《杂卦传》共十篇。

　　革卦（䷰）是《易经》第四十九卦。

　　革者，变更也。①

　　革卦（䷰）卦象，上卦兑（☱）为泽，下卦离（☲）为火，泽中有火，其卦为革。根据《说卦传》文王八卦方位，离卦在正南，时令

---

① 段玉裁：《说文解字注》，上海古籍出版社1988年版，第107页。

为夏，兑卦在正西，时令为秋，离兑交接之西南隅，时令为夏秋之际，古称长夏。先秦史官制定历法颇有在长夏置闰的，例如《吕氏春秋》十二纪首记载的历法就是长夏置闰历。古人既在离兑之交、夏秋之际、长夏之时调整历法以顺应时变，又见离（☲）兑（☱）交错乃是革卦（䷰），因此认定革卦有治历之象，故《象传》曰："泽中有火，革。君子以治历明时。"① 《彖传》曰："天地革而四时成。"②

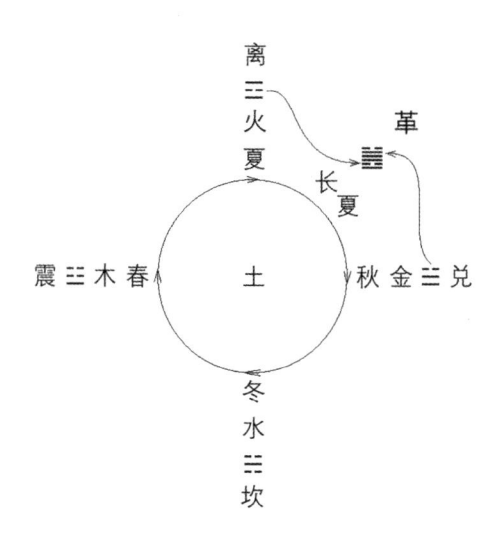

天地变化，而有四时。历法经置闰调整步调，从新取齐开始，然后合于天地之变。人类行事也得适时调整步调，更端发始，然后才能顺应天道。总之无论天道、人道，都没有一成不变、无须调整的道理。古人见变革既是亘古天道，也是人间正道，乃于《彖传》倡导革命学说，曰："天地革而四时成。汤武革命，顺乎天而应乎人。革之时大矣哉！"③

鼎卦（䷱）是《易经》第五十卦。

---

① 阮元校刻《十三经注疏》（上），中华书局1980年版，第60页。
② 阮元校刻《十三经注疏》（上），中华书局1980年版，第60页。
③ 阮元校刻《十三经注疏》（上），中华书局1980年版，第60页。"革命"一词源出于此。"顺天应人"成语也源出于此。

鼎卦（☷）卦象，最下的阴爻（--）像鼎足，中间三个阳爻（—）像圆圆的鼎肚，鼎肚上面的阴爻像鼎耳，最上的阳爻像穿耳抬鼎的棍棒铉，故其卦名曰"鼎"。

甲骨文鼎字作🦴（甲二八五一），像鼎形。甲金文所见鼎字既指食器之鼎，又用为占卜术语之"贞"，鼎字即贞字，因此《说文解字》说："籀文以鼎为贞字。"①文字学家给鼎字注两音，一音dǐng，一音zhēn。考之语音，则鼎、贞、定三字古音相近，故《释名·释言语》作音训说："贞，定也。"②贞即鼎，鼎即贞，都有"定"的意思。

《杂卦传》综论革、鼎二卦，说："革，去故也。鼎，取新也。"③革者，更也；去者，弃除也。鼎者，定也；取者，采用也。革与鼎，去与取，故与新，皆对文见义。唐张说撰文《故开府仪同三司上柱国赠扬州刺史大都督梁国公姚文贞公碑》："夫以革故鼎新，大来小往，得丧而不形于色，进退而不失其正者，鲜矣。"这是"革故鼎新"一词的来历。

顺天而行，更改旧的，叫"革故"；应人而起，定立新的，叫"鼎新"。"革故鼎新"者，革命也，改革也。

二　汤武革命
上古三代的革故鼎新

夏、商、周三代是华夏封邦建国时代，彼时有三级政治组织，即大夫之家、诸侯之国、天王之天下。大夫有宗庙，有城邑，有土地，

---

① 《说文解字》："兽皮治去其毛曰革。革，更也。"参见汉许慎撰、宋徐铉校定《说文解字》，中华书局2013年版，第140页。
② 任继昉：《释名汇校》，齐鲁书社2006年版，第197页。
③ 阮元校刻《十三经注疏》（上），中华书局1980年版，第96页。

有人民，有军队，而称家。大夫做家长，譬如小君主。若干大夫之家谋求共同利益，聚而为国，其中一家大夫跻为国君。诸国系联，而有国际秩序，谓之天下，其中一国君主跻为天王。大夫之家、诸侯之国、天王之天下皆世袭嗣位。

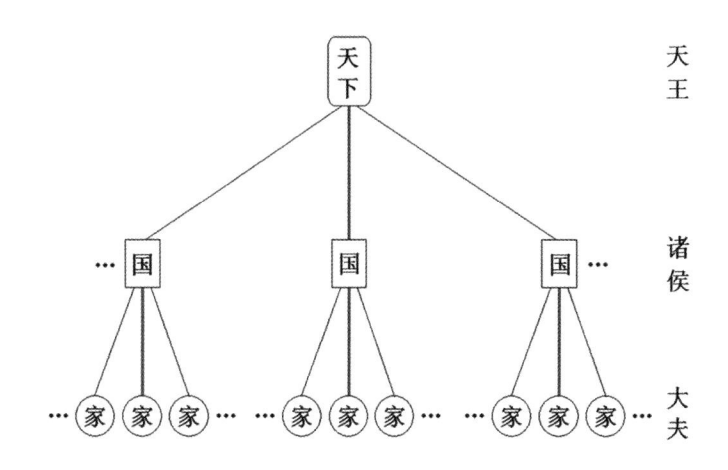

当时有天王、诸侯、卿、大夫、士、庶民、奴隶等若干社会阶层，大夫以上为贵族，是统治者，庶民和奴隶是被统治者，士介居贵族、平民之间，服务于贵族，管理平民。大夫任要职于诸侯朝廷，叫卿。诸侯任要职于天王朝廷，也叫卿。按理说卿既为官僚职位，当由贤能者充任，不该世袭，但事实上也经常世袭。卿职世袭，叫作"世卿"。

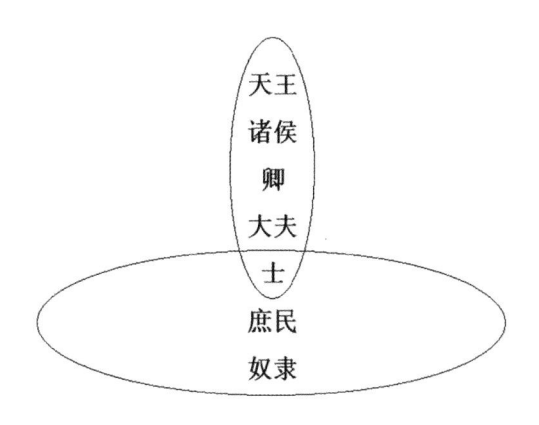

夏桀做天王而德衰，诸侯商汤取代之。殷纣做天王而德衰，诸侯周武王取代之。这两件史事，合称"汤武革命"。

命，甲骨文作 𠄍（铁一二·四），会一人跪跽听从上方号令之意。君主授给下臣职事，古代称"命"。① 上天以神秘方式授权某人某国君临天下，也称"命"。上天收回赋给夏桀的命，改授给商汤，又收回赋给殷纣王的命，改授给周武王，就叫"革命"。革者，改也。

汤武革命，王朝更替，而天下、国、家之政治结构不变，天王、诸侯、卿、大夫、士、庶民、奴隶之阶层秩序不变。

汤武革故鼎新，命革制未革。

三 秦人革命
周秦之际的革故鼎新

器物的尺寸、形制、式样、型号，古代泛称"法"。《左传·昭公二十三年》有"冠法"一词，就指冠的型号。今天通行的各类国家标准（GB），在古代都可以叫"法"。引申之，办事的方式、方案叫"办法"，国家体制、典章制度叫"国法"。做一件事，办法不止一种，官方规边界、定原则，允许使用边界以内和原则以内的办法，禁止使用边界以外和原则以外的办法，这相关规定就叫"法律"。法之有"律"，就像音有"音律"一样。音不可出其律，出律则为噪音。法不可出其律，出律则为乱举。"法"在先秦常以上述意义使用，《左传》既有"冠法""国法"，又有"书法"（史官写史的法）、"刑法"（法官施刑的法）、"常法"（稳定不变的法）、"旧法"（以往

---
① 今"任命"一词，尚存"命"的古意。

的法）。

西周末年，平王东迁，秦襄公护送平王有功，受封为诸侯。秦人立国于周朝关中故地，周的井田制、贵族世袭制秦皆承继之。秦承周制，亦即秦承周法。

秦孝公时，商鞅入秦，废井田，开阡陌，废除世卿，奖励军功，变旧制，立新制，世称"变法"。所谓变法，实即改制。

公元前256年，秦昭襄王攻取洛阳周地，取象征上承天命定鼎政权的九鼎宝器。公元前221年，秦王嬴政攻灭六国，统一华夏，废弃天王称号，更号皇帝。从昭襄王到始皇帝，周命革矣。

秦初并天下，"丞相绾等言：'诸侯初破，燕、齐、荆地远，不为置王，毋以填之。请立诸子，唯上幸许。'始皇下其议于群臣，群臣皆以为便。廷尉李斯议曰：'周文、武所封子弟同姓甚众，然后属疏远，相攻击如仇雠，诸侯更相诛伐，周天子弗能禁止。今海内赖陛下神灵一统，皆为郡县，诸子功臣以公赋税重赏赐之，甚足易制。天下无异意，则安宁之术也。置诸侯不便。'始皇曰：'天下共苦战斗不休，以有侯王。赖宗庙，天下初定，又复立国，是树兵也，而求其宁息，岂不难哉！廷尉议是。'分天下以为三十六郡，郡置守、尉、监。更名民曰'黔首'"。①

秦革周命，又废除夏商周分封制度，消灭诸侯，削弱大夫，实行帝制，普设郡县，乃造成中国有信史以来第一次重大社会变革。经此改制，中国政治结构和社会阶层如下图所示：

---

① 顾颉刚等点校《点校本二十四史精装版》，中华书局2011年版，《史记》第239页。

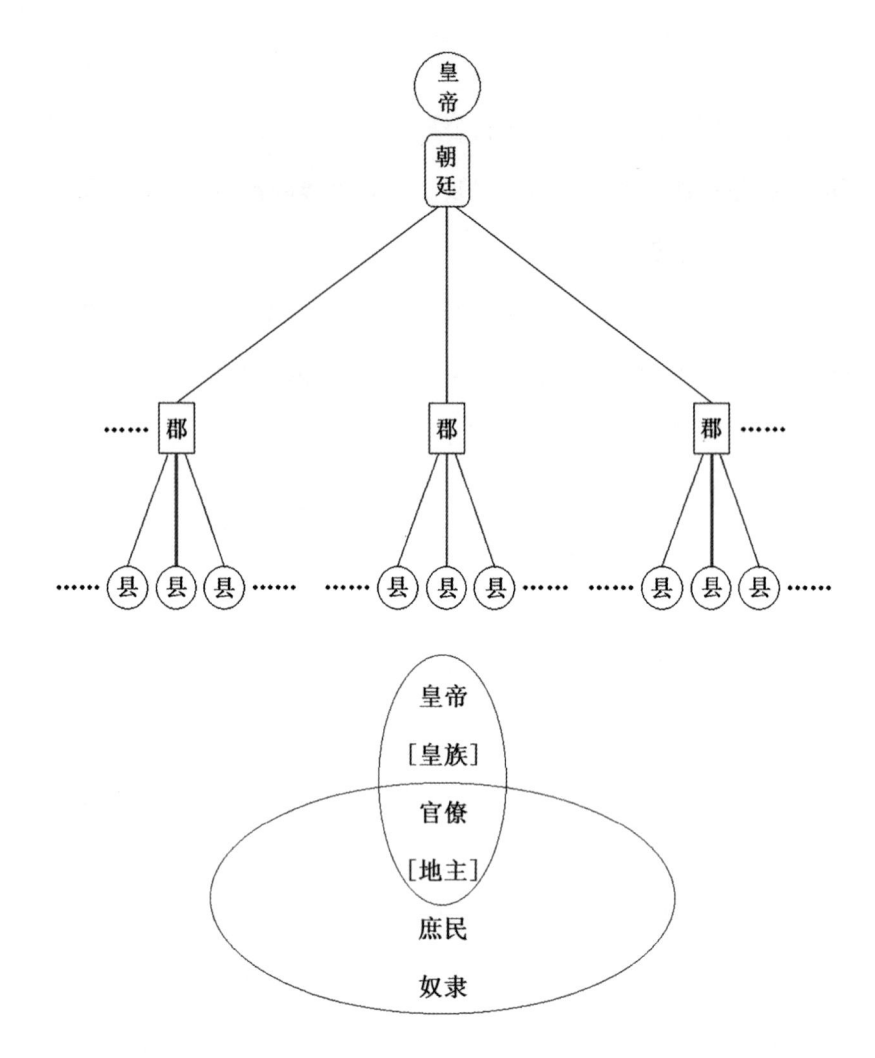

秦人革故鼎新，命革制亦革。

自秦代以降直到清代，中国屡次改朝换代，都只是新皇帝革旧皇帝的命，秦以来的社会制度和社会结构没有大变化，王莽、王安石、张居正等人改制或变法也没有伤筋动骨探及奥窔，正如董仲舒所说，"有改制之名，亡变道之实"[①]。

---

① 顾颉刚等点校《点校本二十四史精装版》，中华书局2011年版，《汉书》第2518页。

四　建立新中国
中华文明的革故鼎新

中华民族是世界上古老而伟大的民族，创造了绵延五千多年的灿烂文明，为人类文明进步作出了不可磨灭的贡献。1840年鸦片战争以后，由于西方列强入侵和封建统治腐败，中国逐步成为半殖民地半封建社会，国家蒙辱、人民蒙难、文明蒙尘，中华民族遭受了前所未有的劫难。

1940年1月，毛泽东同志在一次讲演中说："自周秦以来，中国是一个封建社会，其政治是封建的政治，其经济是封建的经济。……自外国资本主义侵略中国，中国社会又逐渐地生长了资本主义因素以来，中国已逐渐地变成了一个殖民地、半殖民地、半封建的社会。……这就是现时中国社会的性质，这就是现时中国的国情。"[1] 他设问"中国向何处去"，又自答曰"我们要建立一个新中国"。[2] 毛泽东同志说："这里所谈的是'国体'问题。这个国体问题，从前清末年起，闹了几十年还没有闹清楚。其实，它只是指的一个问题，就是社会各阶级在国家中的地位。……至于还有所谓'政体'问题，那是指的政权构成的形式问题，指的一定的社会阶级取何种形式去组织那反对敌人保护自己的政权机关。……中国现在可以采取全国人民代表大会、省人民代表大会、县人民代表大会、区人民代表大会直到乡人民代表大会的系统，并由各级代表大会选举政府。"[3]

---

[1] 《毛泽东选集》第2卷，人民出版社1991年版，第664—665页。
[2] 《毛泽东选集》第2卷，人民出版社1991年版，第663页。
[3] 《毛泽东选集》第2卷，人民出版社1991年版，第676—677页。

经过28年浴血奋斗，党领导人民，在各民主党派和无党派民主人士积极合作下，于1949年10月1日宣告成立中华人民共和国，实现民族独立、人民解放，彻底结束了旧中国半殖民地半封建社会的历史，彻底结束了极少数剥削者统治广大劳动人民的历史，彻底结束了旧中国一盘散沙的局面，彻底废除了列强强加给中国的不平等条约和帝国主义在中国的一切特权，实现了中国从几千年封建专制政治向人民民主的伟大飞跃。

1954年9月，第一届全国人民代表大会第一次会议在北京举行，会议通过了《中华人民共和国宪法》。宪法第一条，中华人民共和国是工人阶级领导的、以工农联盟为基础的人民民主国家。是为新中国国体。宪法第二条，中华人民共和国的一切权力属于人民。人民行使权力的机关是全国人民代表大会和地方各级人民代表大会。全国人民代表大会、地方各级人民代表大会和其他国家机关，一律实行民主集中制。是为新中国政体。

到1956年，我国基本上完成对生产资料私有制的社会主义改造，基本上实现生产资料公有制和按劳分配，建立起社会主义经济制度。党领导确立人民代表大会制度、中国共产党领导的多党合作和政治协商制度、民族区域自治制度，为人民当家作主提供了制度保证。

中国共产党领导中国人民进行土地革命、抗日战争、新民主主义革命，成立中华人民共和国，建立社会主义制度，以实践行动给古老的"革命"一词注入全新含义。

新中国国体和政体完全颠覆中国四千年来贵族在上、人民在下的贵族统治人民的"天尊地卑"[①]体制，易之以人民自我组织、自我管

---

① 阮元校刻《十三经注疏》（上），中华书局1980年版，第75页。

理、反对敌人、保护自己的体制。从旧制度到新制度，是四千年来华夏最大的革命，是四千年来华夏最大的改制，是四千年来华夏最大的革故鼎新。

新中国革故鼎新，命与制皆天翻地覆。

五 历史纵览
四千年三个时代

华夏之域周边限以高原、大山、大漠、大海，在交通未发达的古代俨然独立之区，这个独立之区四千年来经历三个时代，曰方国时代，曰帝国时代，曰新方国时代。

夏商周时期，华夏列国林立，是为方国时代。方国时代华夏上层政治乃是基于国际关系的政治，诸国内政中有外交，外交中有内政，你中有我，我中有你，资源互补，商贸互通，姻亲相结，交相介入，大夫时或流亡他国，社会精英在国际流动，情形复杂。我们考索《春秋左传》，没见到有哪国可以完全闭守与他国老死不相往来的。春秋列国执政卿都得是外交家，虽滕、薛小国也不例外。孔子说："孟公绰为赵、魏老则优，不可以为滕、薛大夫。"[①] 滕、薛虽小，其大夫却也必须具备外交才干。

从秦始皇帝统一六国到清末，两千年间华夏之域在大部分时段疆域一体、政治一统，是为帝国时代。帝国时代皇帝、宰相、官吏外交才干普遍退化，每当忽然遭遇外邦挑战时，往往闭关自守，试图用鸵鸟战术应付了事。即便在魏晋南北朝、五代宋辽金元华夏分裂时期，

---

① 阮元校刻《十三经注疏》（下），中华书局1980年版，第2511页。

中原政权、南方政权虽然不得不作国际交往，但老大帝国官僚的旧思遗法根深蒂固，外交总是笨拙的。

1840年鸦片战争以来，中国被动地以华夏一国的身份成为全球方国之一员。相对于先秦华夏方国时代，近代以来的全球世界可谓"新方国时代"。新方国时代多个强势文明共存，列国林立，区域发展极不均衡，人种多样性和文化多样性远超先秦华夏方国时代，人员、物资、信息、科技、金融、思想文化等诸多领域之交流，也更加广泛、密集、深入，中国政治治理面临的国际环境跟帝国时代迥异，帝国时代旧思遗法已不合时宜。

邓小平同志指出："现在的世界是开放的世界。中国在西方国家产业革命以后变得落后了，一个重要原因就是闭关自守。建国以后，人家封锁我们，在某种程度上我们也还是闭关自守，这给我们带来了一些困难。"[1]这一认识是非常深刻的，值得我们持续吸取教训。

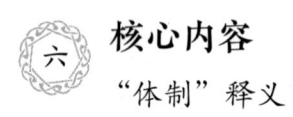

六 核心内容

"体制"释义

人和动物的由各部分肢体组合成的整个结构，叫体。《说文解字》："体（體），总十二属也。"清段玉裁注："首之属有三：曰顶，曰面，曰颐。身之属三：曰肩，曰脊，曰臀。手之属三：曰肱，曰臂，曰手。足之属三：曰股，曰胫，曰足。"[2]

从现代物理学视角看，宇宙万物皆为能量的不同存在形式，某物

---

[1] 《邓小平文选》第3卷，人民出版社1993年版，第64页。
[2] 段玉裁：《说文解字注》，上海古籍出版社1988年版，第166页。

的能量存在的总形式，就是此物之体。此物是此物而非彼物，正是在于它的体是此体而非彼体。同为有机体，狮子有狮子的体，羊有羊的体。狮子的体和羊的体大致相仿，但是具体而言又存在诸多差异，机能亦随之分化，于是狮子和羊种属歧分，在自然界所处的地位也因之判分，狮子处于食物链上端，羊处于食物链下端，此可见体者洵非枝端末节之事也。

人类聚族而居，其组织结构的总形式，也是体。国家构成的总形式，叫国体。政权构成的总形式，叫政体。

一段天然木材，用刀锯切割修治它，使之具有我们需要的尺寸样式，这项举动，写成文字就是"制"。一整匹帛布，用剪刀铰切它，使之具有合乎我们需要的尺寸样式，这项举动，写成文字就是"製"。"制"和"製"本来是两个字，而意思相通，故简化字皆作"制"。"制"原本是动词，古人也用它指称动作的结果，即制成的尺寸样式，则"制"又为名词。

"体"加"制"，合为一词，曰"体制"。注目于结构而言，则曰体；注目于式样而言，则曰制。

不同的国家体制可能不同，体制不同则机能也不同，此国或如狮，而彼国或如羊。国家在不同的历史时期体制可能不同，体制不同则机能不同，此时或如狮，而彼时或如羊。如果国家体制不适应变动不居之环境，就得改革，以顺乎天；如果国家体制不孚洽变易起伏之人心，就得改革，以应乎人；如果国家体制不具备必要的机能，就得改革，以提高效率；如果国家体制不能应对国际竞争，也得改革，以求存图强。

七 改革开放
共和国的革故鼎新

改革开放的历程，就是中华人民共和国不断革故鼎新的过程。"文化大革命"结束以后，在党和国家面临何去何从的重大历史关头，中国共产党深刻认识到，只有革故鼎新，实行改革开放，才是唯一出路，否则中国的现代化事业和社会主义事业就会被葬送。1978年12月，中国共产党召开十一届三中全会，果断结束"以阶级斗争为纲"，党和国家工作中心实现战略性转移，改革开放和社会主义现代化建设新时期开启，实现了新中国成立以来党的历史上具有深远意义的伟大转折，也实现了中华人民共和国一次关键的革故鼎新。

党的十一届三中全会以后，以邓小平同志为主要代表的中国共产党人，团结带领全党全国各族人民，深刻总结新中国成立以来正面和反面两方面的经验，围绕"什么是社会主义、怎样建设社会主义"这两个根本问题，借鉴世界社会主义的历史经验，通过革故鼎新，创立了邓小平理论。邓小平理论深刻揭示了社会主义的本质，确立了社会主义初级阶段基本路线，明确提出走自己的路、建设中国特色社会主义的命题，科学回答了建设中国特色社会主义的一系列基本问题。在邓小平理论的指导下，我们党持续革故鼎新，坚持解放思想，实事求是，作出把党和国家工作中心转移到经济建设上来、实行改革开放的历史性决策，制定了到21世纪中叶分三步走、基本实现社会主义现代化的发展战略，成功开创了中国特色社会主义。这是中国道路一次重要的革故鼎新。

党的十三届四中全会以后，以江泽民同志为主要代表的中国共产党人，团结带领全党全国各族人民，坚持党的基本理论、基本路线，加深了对"什么是社会主义、怎样建设社会主义"和"建设什么样的党、怎样建设党"的认识，形成了"三个代表"重要思想。在"三个代表"重要思想的指导下，我们党在国内外形势十分复杂、世界社会主义出现严重曲折的严峻考验面前，通过革故鼎新，捍卫了中国特色社会主义。这一时期，我们党确立了社会主义市场经济体制的改革目标和基本框架，确立了社会主义初级阶段公有制为主、多种所有制经济共同发展的基本经济制度，和按劳分配为主体、多种分配方式并存的分配制度。通过一系列革故鼎新的改革举措，我们党开创了全面改革开放新局面，推进了党的建设新的伟大工程，成功把中国特色社会主义推向21世纪。中国特色社会主义道路在革故鼎新中继承和发展。

党的十六大以后，以胡锦涛同志为主要代表的中国共产党人，团结带领全党全国各族人民，在全面建设小康社会进程中，推进实践、理论和制度等各方面革故鼎新，深刻认识和回答了新形势下实现什么样的发展、怎样发展等重大问题，形成了科学发展观。在科学发展观的指导下，我们党抓住重要战略机遇期，聚精会神搞建设，一心一意谋发展。这一时期，我们党强调坚持以人为本、全面协调可持续发展，着力保障和改善民生，促进社会公平正义，推进党的执政能力建设和先进性建设，成功在新形势下坚持和发展了中国特色社会主义。中国特色社会主义道路在革故鼎新中不断前进。

党的十二大至十七大，我们党从发展的新要求出发，根据国际国内形势的发展变化，一以贯之地对推进改革开放和中国特色社会主义现代化建设作出全面部署，并多次召开中央全会，专题研究部署改革发展稳定重大工作。这一时期，我国改革从农村实行家庭联产承包责任制率先突破，逐步转向城市经济体制改革并全面铺开。我们确立了社会主义市场经济的改革方向，更大程度更广范围发挥市场在资源配置中的基础性作用，坚持和完善基本经济制度和分配制度。我们党坚决推进经济体制改革，同时进行政治、文化、社会等各领域体制改革，推进党的建设制度改革，不断形成和发展符合当代中国国情、充满生机活力的体制机制。党把对外开放确立为基本国策，从兴办深圳等经济特区、开发开放浦东、推动沿海沿边沿江沿线和内陆中心城市对外开放到加入世界贸易组织，从"引进来"到"走出去"，充分利用国内国际两个市场、两种资源。经过持续的革故鼎新，我国实现了从高度集中的计划经济体制到充满活力的社会主义市场经济体制、从封闭半封闭到全方位开放的历史性转变。

党的二十大报告指出，自党的十八大召开以来，我们党坚持马克思列宁主义、毛泽东思想、邓小平理论、"三个代表"重要思想、科学发展观，全面贯彻习近平新时代中国特色社会主义思想，全面贯彻党的基本路线、基本方略，采取一系列战略性举措，推进一系列变革性实践，实现一系列突破性进展，取得一系列标志性成果，经受住了来自政治、经济、意识形态、自然界等方面的风险挑战考验，党和国家事业取得了历史性成就、发生了历史性变革。党的二十大报告列举的16个方面的伟大变革，都属于中华民族和中华文明不断革故鼎新的丰硕成果。

改革开放是党的一次伟大觉醒，是中国人民和中华民族发展史上的一次伟大革命，也是中华文明的一次关键性的革故鼎新。改革开放和社会主义现代化建设的伟大成就举世瞩目，我国实现了从生产力相对落后的状况到经济总量跃居世界第二的历史性突破，实现了人民生活从温饱不足到总体小康、再到全面小康的历史性跨越，推进了中华民族从站起来、富起来到强起来的伟大飞跃，实现了中华民族最全面的革故鼎新。

八 命运共同体
人类文明的革故鼎新

2015年9月，习近平主席在第七十届联合国大会的讲话中，强调各国携手构建合作共赢新伙伴，同心打造人类命运共同体。2017年1月，习近平主席在联合国日内瓦总部发表演讲，倡导各国共同构建人类命运共同体，坚持对话协商、共建共享、合作共赢、交流互鉴、绿色低碳，建设持久和平、普遍安全、共同繁荣、开放包容、清洁美丽的世界。在世界百年未有之大变局背景下，构建人类命运共同体重大倡议，深刻回答了世界向何处去、人类应怎么办的重大命题。

如果说"改革开放"是中国自身的革故鼎新，那么"推动构建人类命运共同体"则指向整个人类世界之革故鼎新。

推动构建人类命运共同体倡议，跳出华夏秦迄清两千年帝国时代"万国衣冠拜冕旒"（王维《和贾舍人早朝大明宫之作》）的孤芳自赏、居高临下意识，也超越华夏先秦两千年方国时代"溥天之下，莫非王土，率土之滨，莫非王臣"[1]的天下私有、统摄驾驭意识，以广阔胸怀高瞻远瞩，洞察时变，对人类满怀深情厚意，"万物作焉而不辞，生而不有，为而不恃，功成而弗居"[2]，"己欲立而立人，己欲达而达

---

[1] 阮元校刻《十三经注疏》（上），中华书局1980年版，第463页。
[2] 王弼：《老子道德经注校释》，楼宇烈校释，中华书局2008年版，第6页。

人"①，正所谓"顺乎天而应乎人"。

  2023年6月2日，习近平总书记在文化传承发展座谈会上指出"中华文明具有突出的创新性"，又指出"中华文明是革故鼎新、辉光日新的文明"②。在中国共产党人引领推动下，中华文明及人类文明必将走出人被物异化的时代，文明上跻，丕显丕承，日就月将，革故鼎新。

---

① 阮元校刻《十三经注疏》(下)，中华书局1980年版，第2479页。
② 习近平：《在文化传承发展座谈会上的讲话》，《求是》2023年第17期。

第五章 任人唯贤

何青翰

2018年11月26日，习近平总书记在十九届中央政治局第十次集体学习时强调："用人以公，方得贤才。历史上那些盛世治世，都同注重立公道、举贤良相关。公正用人是我们党立党为公、执政为民在组织路线上的体现，应该成为我们选人用人的根本要求。""任人唯贤"是中华优秀传统文化的组成部分，也是中国共产党选拔、培养、使用和管理干部的根本要求，更是中国共产党一贯坚持和执行的组织纪律。总体上看，新时代选用干部及干部队伍建设取得了举世瞩目的显著成就，这无疑是得益于习近平新时代中国特色社会主义思想中"任人唯贤"的选人用人理念指导。为政之要，唯在得人。人才兴则国兴，这是一个久经考验而屹立不摇的真理。准确把握习近平新时代中国特色社会主义思想中的"任人唯贤"选人用人理念的鲜明特征，对于进一步加强新时代党的干部队伍建设，把马克思主义基本原理同中国具体实际、同中华优秀传统文化相结合，建设中华民族现代文明，有着巨大的意义。

一　正本清源
任人唯贤的典出及其相关思想形成历程

　　中国特色社会主义昂首进入新时代的事实，雄辩地证明了中国共产党对中华文明的继承和发展，"两个结合"代表着中华文明生生不息、奋发向前的伟大道路，呈现了一种与西方主导的现代化有所不同的现代文明气象。习近平总书记指出，在五千多年中华文明深厚基础上开辟和发展中国特色社会主义，把马克思主义基本原理同中国具体实际、同中华优秀传统文化相结合是必由之路。以史为鉴，任人唯贤正是"两个结合"尤其是"第二个结合"的典范。"任人唯贤"典出《尚书》中的《咸有一德》，其原文为："今嗣王新服厥命，惟新厥德。终始惟一，时乃日新。任官惟贤材，左右惟其人。"①《咸有一德》一文记录了伊尹对太甲所作劝诫。伊尹的大意为：天命无常，唯有修德、用贤，才能长保君位。选贤、用贤，是中国古代政治所推崇的一个基本原则。所谓"任官惟贤材，左右惟其人"，应该理解为"君主必须保有、更新自身的德性，任用官吏当选贤才，当选忠良任用左右大臣"。《尚书》是记录中国上古时期圣王言行的历史著作，其内容囊括尧舜时期以及夏、商、周三代。自秦以后，《尚书》屡遭劫难，其流传篇目长期陷入真伪之争。如《咸有一德》一文即在明清时期被判定为"伪古文尚书"。然而，在各类《尚书》文献流传的过程中，即便是存疑的篇目，也在广义上参与了以《尚书》为中心的文化意识的构建。②由此推见，任人唯贤的观念在中国由来已久，可以被视为中华文明与生俱来的一种文化基因。从历史源流上看，任人唯贤在思想层面的萌芽与生成在三代及春秋战国时期即已完成。在秦汉重新奠基"大

---

① 阮元校刻《十三经注疏》第1册，中华书局2009年版，第350页。
② 西晋时，社会大乱，国家藏书遭到了重大损失。官府收藏的《今文尚书》也在这场动乱中全部丧失，由于当时民间都学习《古文尚书》，没人学习《今文尚书》，从那以后，《今文尚书》就失传了。东晋元帝时期，豫章内史梅赜向晋元帝献上了一部《孔传古文尚书》。据梅赜说，这部书是西晋初年大学者郑冲传下来的。这部书共有五十八篇，其中三十四篇的名称与《古文尚书》相同，书的前面还有孔安国写的序，说明孔安国得书和作传的情况。后经历代学者细心考证，发现这部书真伪杂糅。书中所谓孔安国作的序是伪造的，经文中只有二十八篇是真的，而真的之中也掺杂有伪造的文句。因为这个缘故，这部书也被称为《伪古文尚书》。《咸有一德》被许多学者认定是《伪古文尚书》之作，但在流传过程中，其内容主旨已经在文化层面被归属为广义的"尚书"。

一统"的政治格局之后，以血缘、宗法为基础的封建制为郡县制所取代，任人唯贤的思想观念得到了进一步的发展，并自始至终地贯彻于近两千年来中国历代王朝的政治生活及其改革方向，成为中国具体实际及优秀传统文化的一个重要组成部分。

如《礼记·礼运》所说："大道之行也，天下为公，选贤与能，讲信修睦。""禹、汤、文、武、成王、周公，由此而选也。"早在上古三代，中国人即相信，当大道行于天下的时候，则天下为天下人所共有，权力是天下人的公器而绝不为私人所占有；尧、舜、禹、伊尹等圣君贤臣皆以德行光明、才能优越得到推选、举荐而成为政治领袖。关于尧舜禅让，如《史记·五帝本纪》记载："尧知子丹朱之不肖，不足授天下，于是乃权授舜。授舜，则天下得其利而丹朱病；授丹朱，则天下病而丹朱得其利。尧曰'终不以天下之病而利一人'，而卒授舜以天下。"尧以其子不肖而禅位于舜，足见天下乃天下人所共有，而非一家一姓之私产；故而天下之归属，不必专注于一人之利好，应以天下人之福祉为考量。那么尧何以认为舜有资格继承天下的权柄而造福于天下呢？司马迁于此有详述："舜年二十以孝闻。三十而帝尧问可用者，四岳咸荐虞舜，曰可。于是尧乃以二女妻舜以观其内，使九男与处以观其外。"[①]首先，舜有孝德，又为众人推荐；其次，尧为了更深入地对舜进行考察，以二女嫁之，以九子与之共处。凡此种种，得到的反馈均表示舜是一个德行显著而足以领导天下的圣贤之才。此后，舜也不传于子而禅位于禹。而禹之所以为舜选定为继承人，便在于禹治水有功，其德可称，如《史记·夏本纪》记载："禹为人敏给克勤；其德不违，其仁可亲，其言可信；声为律，身为度，称以

---

① 司马迁：《史记》第1册，中华书局1982年版，第21页。

出；亹亹穆穆，为纲为纪。"①由此可见，在天下为公的理想时代，尧传于舜，舜传于禹，皆传贤而不传子，奠定了中国古代"任人唯贤"的最初典范。

至于周代，周礼以"亲亲""尊尊"为本，在宗法制的基础上确立了嫡长子继承制，继而以"封建子弟"的形式将大宗、小宗、宗子、别子等血缘关系完整植入其自上而下的权力架构，可谓"以家立国"。西周以后，随着周天子权威的衰落，礼崩乐坏，诸侯并起，在富国强兵的争霸主题下，仅以血缘为用人之主旨，显然已经无法应对纷争的时局。因此，列国破除旧制、任用贤能便成为自然而然的时代趋向。如桓公问管仲治国之策时，管仲所答五策便涉及"选贤"："于子之乡，有拳勇股肱之力秀出于众者，有则以告。有而不以告，谓之蔽贤。"②以春秋五霸为代表，以"亲亲"原则为核心的世卿世禄制遭到了严重的冲击。到了战国时期，这一趋势越发明显，公室衰败无余，出现了"诸侯放恣，处士横议"的局面。国君对贤能许以重金高爵，士人挟智怀策而奔走于列国，如赵翼所说："游说则范唯、蔡泽、苏秦、张仪等，徒步而为相。征战则孙膑、白起、乐毅、廉颇、王翦等，白身而为将。此已开后世布衣将相之例。"③

与此同时，先秦时期由诸子百家所引发的思想碰撞，使中华文明得以凝结、成型，造就了气魄宏大的文明气象。如墨子所提出的"尚贤"，老子所提出的"不尚贤使民不争"。在诸多思潮之中，以孔子所代表的儒家，最终完成了对三代文化遗产的总结，并且实现了精神人

---

① 司马迁：《史记》第1册，中华书局1982年版，第51页。
② 左丘明：《国语·齐语》卷6，齐鲁书社2005年版，第113页。
③ 赵翼：《二十二史札记》，中华书局2008年版，第121页。

文主义层面的思想突破，其中就包括对任人唯贤观念的系统性论述。孔子讲求有教无类，博求知识，重视培养学生的从政才能。孔子明确地把"举贤才"列为儒家的为政要求之一，"君子尊贤而容众，嘉善而矜不能"，"举善而教不能，则劝"。经由孔子的阐发，"贤"的具体意义得到了仁、义、礼、智、忠、孝等德性概念的充实，任人唯贤的观念也与孔子"为政以德""修己安人"的终极关怀形成了结构上的对应，成为实现儒家政治理想的一个必要环节。孔子以后，孟子与荀子在什么是"贤"以及如何"选贤"这两个关键命题上作出了更为深入的阐发。如孟子明确提出以尊贤来突破贵贱两分："贵贵尊贤，其义一也"，并推崇"尊贤育才，以彰有德"的意义。荀子在举贤方面亦以"德"为"贤"的本质，提出"贤能不待次而举，罢不能不待须而废"，"论德而定次，量能而授官"。尤为值得注意的是，孟子倡导"贤者在位，能者在职"。在这一区分中，"贤"主要指向内在的道德品格，"能"则指外在的治理才能。治国平天下的要义，即在于"尊贤使能，俊杰在位，则天下之士皆悦而愿立于其朝矣"。"位""职"均指政治生活中的实际权位或者说公职，两者同属一义。由此可见，"贤""能"各有侧重，但其根本则在于"有德"，故而又可以说"贤"是"能"的根本属性，"能"是"贤"的应有之义。另外，孟子还指出："国君任贤，如不得人，将使卑逾尊，疏逾戚，可不慎与？左右皆曰贤，未可也；诸大夫皆曰贤，未可也；国人皆曰贤，然后察之，见贤焉，然后用之。""选贤"事关重大，故而必须对其进行考察，确认其得到大多数人的认可，才能视之为"贤"而用之。另外，与先秦儒家同时展开活动的墨家、法家，也纷纷提出了不同的任人唯贤的思路，如墨子所谓"故古者圣王之为政，列德而尚贤"，如韩非所谓

"外举不避仇，内举不避子"，都在整体上与先秦时期任人唯贤的政治追求相一致。综上所述，我们可以简要总结任人唯贤观念的两个基本要义：第一，"贤"不离"能"，德才兼备是"贤"的完整定义；第二，"选贤""任贤"，既要自上而下地予以考察，严格把握标准，也需要自下而上地予以举荐，尊重公众意见。

二 气象万千
任人唯贤与中华文明的特质

总体来看，在三代典范之后，先秦儒家对任人唯贤的思想观念在哲学层面进行了更为彻底的说明以及相应的政治设计，从而为此后大一统王朝的"贤能"政治奠定了坚实的理论基础。秦并六国，改封建为郡县，以官吏治天下，纳九州于一法，对中国的政治传统造成了深远影响。正如王夫之所说："秦以私天下之心而罢侯置守，而天假其私以行其大公。"尽管秦历二世而亡，但郡县制与选官制却顺应了自三代以来中国人追求公义、公利的历史精神；故而秦朝的败亡，并不在于封建世袭贵族的复辟，而在于秦法过于暴虐，破坏了"贤能"政治中所包含的"仁政"需求。汉承秦制，逐步消化了大一统的制度遗产，并以"察举制"的形式自上而下地选拔儒生、委任官职。在汉代的察举常科中，举荐是基本的路径，而"孝廉"则是最重要的考察科目。孝、廉即指"孝子廉吏"，"孝"是指孝敬父母，"廉"是指廉洁奉公。因此，"举孝廉"的指导思想正是"选贤与能"。"孝"的凸显，体现了大一统王朝中"家国一体"的权力架构及其政治生活的伦理属性。魏晋而至于唐宋，中国历经多次大规模混乱而最终得以安定。在此期间，秦汉帝国所奠基的大一统王权及其郡县制度受到了多次的冲击，分封制以其顽固的残余生命力，始终未能被彻底请出中国历史。在这一背景下，秦汉以来的职官制度、封爵制度、选官制度等构成行政系统的诸多具体安排，亦经历了多次调整与重塑。唐宋之际，中国历史无论是政治、经济、文化，均呈现出一道清晰的分水岭。唐代首开科举，尊奉儒家经典，以考试的形式公开选拔国家官员，拓展了平民阶层的上升途径。至于宋代，在"修文偃武"的国策之下，通过科举而得以入仕的寒门子弟迅速增多，读书人的地位得以极大彰显，民间流传着"朝为田舍郎，暮登天子堂"的谚语。科举制的确立与扩张有效巩固了其政权合法性，并且更为深刻地推进了中国古代政治的平民化。此后元、明、清三朝，在其治理中国的过程中，科举制均发挥了"定海神针"的作用，选用了大量德行卓著的人才，为治国安邦作出了巨大的贡献；其中的佼佼者，更成为宋代以降文化思想的代表人物，推动了中华文明的新陈代谢。究其根本，察举制与科举制均继承并发展了任人唯贤的政治精神，既维持了"选贤"的严格要求，坚持德才并重，又保证了"选贤"的公开性，扩大了原本为世家大族所垄断的统治阶层。

如钱穆所说："中国传统政治，实乃一种'士人政治'。换言之，亦可谓之'贤能政治'，因士人即比较属于民众之贤能者。"[①] 由两汉而至于唐宋元明清，中间虽历经贵族门阀体制的强势回升，但"贤能"政治仍顽强地在中国古代政治中保持了曲折的前进，逐渐形成了以士大夫为主体的具备平民化倾向的"共治"形态。北宋理学家程颐曾经

---

① 钱穆：《世界局势与中国文化》，联经出版事业公司1998年版，第241页。

提出："天下治乱系宰相，君德成就责经筵。"① 这句话充分表达了古代士大夫对天下为公、选贤与能的强烈渴望。通过对中华五千多年的文明史以及两千多年的大一统王朝历史进行梳理总结，我们大概可以从皆务于治、修身为本、以天下为己任这三个方面理解任人唯贤与中华文明基本特质之间的深刻关联。

首先，如《淮南子》所说："百川异源，而皆归于海，百家殊业，而皆务于治。"② 任人唯贤的观念直接对应于中华文明所内蕴的重视现世的精神与治理需求。与世界上的各大文明系统相比，中华文明的一个显著特点就是长久地保持着乐观的、奋进的现世精神。以历史为证，在任何困苦的局面下，中国人都未曾陷入虚无主义的深渊以至于祈求无法预测的彼岸世界。如芬格莱特所说："在孔子生活的那个时代，那样一个经历着格外剧烈的社会痛苦和巨大的社会转型的时代，在中国人实际的日常生活中一定充满着许许多多这样的情境。他没有能够看到或者提到这样的情境中内在道德冲突的问题，他的兴趣、理念和关怀，是宇宙间存在着大道，那就是自我一贯、自我确证的道路。"③ 孔子认为"道"即在天地之中，四季更替，阴阳变化，正如《周易》所揭示的那样，充盈着"生生不息"的精神与力量。如孔子所说"天生德于予"，正是这种实在的、积极的宇宙观与人生观，孕育了中国人乐观而刚健的文明品质，使之相信此世值得奋斗，人间本应是有序的、合理的、丰富的、美好的，而不是无序的、无理的、贫瘠的、丑恶的。因此，中国人才会前赴后继地追求"大同"，追求"三代之

---

① 李焘：《续资治通鉴长编》，中华书局2004年版，第9031页。
② 何宁：《淮南子集释》，中华书局1998年版，第922页。
③ 赫伯特·芬格莱特：《孔子：即凡而圣》，彭国翔、张华译，江苏人民出版社2002年版，第21页。

治"，从大禹治水，到汤武革命，从周公制礼作乐，到商鞅变法，中国的先贤矢志不渝地坚持着对于现实世界的治理，力求塑造一个"亲贤乐利，各得其所"的美好人间。因此，中国人历来相信政治生活必须有其引导、统领、谋划，如孟子所引《逸周书》的说法："天降下民，作之君，作之师。"君、师之所以得其天命，不是为了成就一家一姓的私利，而是为了治理其民、教化其民，以达到"治国平天下"的效果。又如荀子所说："故有良法而乱者有之矣；有君子而乱者，自古及今，未尝闻也。传曰：'治生乎君子，乱生乎小人。'此之谓也。"① 在中国古代，君子以立德、立功、立言为根本追求，故而君子即"贤能"的具体化身；没有君子的世界，"治"是不可能达成的。由此推论，人之所以为人，就在于天地有道，值得每一个人奋斗于其中；而欲求天下有治无乱，人人皆有所得，关键就在于培养君子、选贤与能，使之领导人民行其正道。

其次，如《大学》所说的"自天子以至于庶人，壹是皆以修身为本"，"修身"是传统文化尤其是儒家文化中的核心命题。修身的观念先秦文献中已经广泛出现，如《尚书·皋陶谟》《逸周书·周书序》已有"慎厥身，修思永""修身观天""修身敬戒"等说法。周人将"天命"与"德"相配，天、神转而成为超越世俗利益的"惟德是辅"的道德根据，这就意味着政权合法性、正当性在根本上来源于统治者内在的道德品质。又如《论语》中孔子所说的"修己以敬"及曾子所说的"吾日三省吾身"，均以"修身"作为君子成德的必要环节。培养仁义礼智等美德，是天下之人的共同要求，无分阶层，无分地位。如前所述，"贤"代表着个人的道德修养，"能"代表着个人的处

---

① 王先谦：《荀子集解》，中华书局2012年版，第150页。

事能力，而"贤"是"能"的根本与统领，"能"是"贤"的扩延与显现。因此，如《大学》所强调的"修齐治平"，"修身"是齐家治国平天下的第一步，只有树立个人的道德，才能以身作则、推己及人。因此，任人唯贤的这个"贤"字，就意味着在中华文明的价值认同系统中，个人的道德以及日常生活中的公心，要高于一切的权谋、智慧，在"贤"统帅下的"能"，才是保证家国天下得以长治久安的关键因素。无能必不可称为"贤"，但徒有其"能"，也无非专谋私利，满足私欲，这与中华文明所讲求的大道、大义，无疑是背道而驰的。

最后，如顾炎武在《日知录》中所说："天下兴亡，匹夫有责。"天下乃天下人之天下，权力乃天下人之公器。中国人历来有着家国天下的担当精神，不允许天下成为一家一姓的私产。如孟子所说："人皆可以为尧舜。"在中国古代的圣贤看来，天命下民以仁义礼智之性，因而任何人都可以通过学习、修身而成为君子，任何人都有资格通过成为君子参与家国天下的公共事业。如果在位者不贤、无能，或者堵塞了贤能得以选拔的途径，则人民可以采取一切手段反对这种不正义的统治，重新推选贤能而成为天下之主。实际上，作为儒家理论对手的法家，对此也予以承认，如韩非所说："明主者，推功而爵禄，称能而官事，所举者必有贤，所用者必有能，贤能之士进，则私门之请止矣。"由此可见，与任人唯贤相贯通的是中国人追求公平正义的决心。在这一理念的感召下，"自天子以至于庶人"的各个阶层，都分担着家国天下的责任，以成己而成人，将公共事业与个人的修身成德结合在一起。

当然，我们一方面需要认识、理解秦汉以来中国本有的"贤能"政治及其文明意涵，另一方面也要承认造成君权独大的专制主义因素始终笼罩着中国古代政治。这种与中华文明本源中所蕴含的"公天下"愿景所悖逆的"私天下"事实，从根本上伤害、削弱乃至扭曲了"贤能"政治的本来面目，如黄宗羲所批判："今也以君为主，天下为客，凡天下之无地而得安宁者，为君也。是以其未得之也，屠毒天下之肝脑，离散天下之子女，以博我一人之产业，曾不惨然。"在君主专制的大背景下，任人唯贤有时与君主利益相契合，有时则与君主利益相违背，这是一个无法否认的根本弊端，只有中国近现代革命的兴起以及中国共产党应运而生才能从根本上克服这一弊端。中华文明是富有活力、生机勃勃的文明，历史上造成发展阻碍乃至禁锢的因素，一定要予以破除。

三 五湖四海
任人唯贤与中国共产党的立党、执政

中国共产党是在中华民族陷入生死存亡考验的紧要关头登上历史舞台的。工业革命之后，西方国家在生产技术以及组织能力上都远远超越了同一时期的中国。面对步步入侵的帝国主义，匮乏现代政治训练的中国士大夫群体无法挽救危局，一败再败，终于引发了对组建现代的政党组织的思考。如最早定义现代政党的埃德蒙·柏克所说："政治社会，是需要力量与干劲的。"[1] 他指出，政党的本质就是根据一致同意的特定原则去促进国民利益的人们的联合体。到了19世纪中期，欧洲资本主义发展逐渐进入新的阶段，世界范围内的无产阶级从分散的、混乱的经济斗争，转变为具有高度的政治觉悟的集体行

---

[1] 埃德蒙·柏克：《美洲三书》，商务印书馆2003年版，第301页。

动。1848年，经过充分的思想理论准备，马克思、恩格斯发表的《共产党宣言》成为无产阶级政党建立的纲领性文件，作为无产阶级政党的第一个完备而系统的纲领，第一次对无产阶级政党学说的基本原理进行了完整阐述。在领导俄国革命的过程中，列宁总结实际的革命经验，发展了马克思的建党思想，从而提出了完整的先锋队理论。列宁指出："党是阶级的先进部队，是阶级的领导者和组织者，是整个运动及其根本和主要目的的代表。"[1] 由此可见，共产党的先锋队性质具备两个重要内涵：其一，共产党必须领导革命，作为工人阶级最高政治组织形式，共产党有着领导革命阶级从而建立新国家政权的伟大使命；其二，共产党必须由理解马克思、恩格斯思想并具备共产主义觉悟的优秀分子组成。因而，作为领导者的共产党，当然就和单纯的工人阶级以及普通民众之间有所差别。列宁强调："党是阶级的先锋队，它的任务决不是反映群众的一般水平，而是带领群众前进。"[2] 共产党一方面根植于劳动人民并以大众福祉为奋斗目标，另一方面又有其自身的先进性。在这一基本特征上，马克思所设想、列宁所实践的共产党的政党逻辑，与中华文明历来所信奉的以"先知觉后知，先觉觉后觉"为其宗旨的"贤能"政治有其遥远的共振、呼应。

从根本上看，中国共产党是按照马克思主义理论和马克思列宁主义建党学说建立起来的无产阶级政党，是马克思主义与中国的客观实际和文化传统相结合的产物。如前所述，中国传统政治依赖士大夫群体为其统治的核心力量，缔造了值得尊重的治理成就。但是，至于近代，这种士大夫政治呈现出诸多弊端，如力量涣散、脱离民众、知识

---

[1] 《列宁全集》第10卷，人民出版社1987年版，第1页。
[2] 《列宁全集》第33卷，人民出版社1985年版，第88页。

僵化等，加之以君主专制所造成的畸形的权力结构严重压抑了民心士气，传统的士大夫阶层显然已经难以承担救亡图存的民族使命。正如晚清诗人龚自珍所写下的震撼人心的诗句："我劝天公重抖擞，不拘一格降人才。"就此而言，中国共产党的诞生与发展，正是因为满足了中国古代政治转向现代政治的这一内在历史需求，即以崭新的、现代的政治组织形式完成崭新的、现代的现代政治革命，领导中国人民走出困境，实现民族复兴。

中国共产党自成立之日起，便自觉地担负起争取民族独立、解放劳苦大众、实现民族复兴的历史重任。中国共产党通过艰苦卓绝的百年奋斗，不仅赢得了革命斗争的彻底胜利，重塑了国家主权，而且实现了中华文明的创造性转化和创新性发展。民主集中制是无产阶级政党的建党原则，这一原则以无产阶级政党的先锋队性质为其基础，因而就必然包含着广泛、公开、公平地选拔人才以构成政党骨干的实际要求。马克思、恩格斯在他们起草的《共产主义同盟章程》《国际工人协会共同章程》等章程和组织条例中明确规定了一些实行民主集中制的重要原则。比如，规定"同盟中每年选举工作人员，不称职的可以随时撤换"。需要指出的是，关于党的干部选拔标准，恩格斯晚年指出，"要在党内担任负责的职务，仅仅有写作才能和理论知识，即使二者确实具备，都是不够的，要担任负责的职务还需要熟悉党的斗争条件，习惯这种斗争的方式，具备久经考验的耿耿忠心和坚强性格"[①]。这就已经把道德信仰和工作能力作为两条必要的无产阶级政党的干部标准刻画了出来。此后，列宁强调，为了革命的胜利，必须建立统一的因而也是集中制的党，党必须实行严格的集中，以保证党的

---

① 《马克思恩格斯选集》第4卷，人民出版社1995年版，第399页。

集中统一去战胜敌人，使党得以生存发展。1906年4月，在俄国社会民主工党的第四次代表大会上，民主集中制作为无产阶级政党的一个根本原则被载入党章，后来又被推广到世界各国共产党的建设中，成为指导无产阶级政党建设的普遍原则。毛泽东曾指出："中国无产阶级的先锋队，在十月革命以后学了马克思列宁主义，建立了中国共产党。"[1] 对于马克思列宁主义的学习，就包含民主集中制的具体内容，而其民主的一面，就在于"党的所有负责人员、所有领导人员、所有机构都是选举出来的，是必须向党员作工作报告的，是可以撤换的"。选拔党的领导，使之对党的机构负责，是无产阶级政党的政治生活中的一件大事。列宁认为担任党的领导职务应当具有清醒头脑和实际本领，他们既忠实于社会主义事业，又能埋头苦干、同心协力地工作。他提出干部应该"都是些不仅绝对忠诚而且确实是有学识有才干的人"。他还表示："要研究人，要发现有才干的工作人员。现在关键就在这里；不然的话，一切命令和决定不过是些肮脏的废纸而已。"

作为党和国家的第一代领导人，毛泽东对于传统文化有着极为深刻的批判性吸收，早年就写下了"鹰击长空，鱼翔浅底，万类霜天竞自由"的诗句，与古人"鸢飞鱼跃"的理想遥相呼应，呼唤着一个人尽其才、物尽其用的新世界的到来。毛泽东历来十分重视人才培养以及人才选拔。他认为，革命和建设胜利的根本保证，就在于拥有一批优秀的党的干部以及包括知识分子在内的各类人才。初到延安之时，毛泽东就把用人问题提升到组织路线的高度，认为它对政治路线的执行具有决定性的意义。1937年5月，毛泽东指出，"指导伟大的革命，要有伟大的党，要有许多最好的干部"，"要作为一种任务，在全党和

---

[1] 《毛泽东选集》第4卷，人民出版社1991年版，第1471页。

全国发现许多新的干部和领袖。我们的革命依靠干部"①。此后他又反复强调"政治路线确定之后，干部就是决定的因素"②，"只有依靠成千成万的好干部，革命的方针与办法才能执行"③。毛泽东高瞻远瞩地看到了选人用人与事业发展的深刻关联，因此就把用人问题作为领导的基本职能鲜明地提了出来，这一从革命斗争中提炼而来的认识深刻影响了中国共产党在此后的发展路径。1938年10月，毛泽东在党的扩大的六届六中全会政治报告中指出："中国共产党是在一个几万万人的大民族中领导伟大革命斗争的党，没有多数才德兼备的领导干部，是不能完成其历史任务的。十七年来，我们党已经培养了不少的领导人材（才），军事、政治、文化、党务、民运各方面，都有了我们的骨干，这是党的光荣，也是全民族的光荣。但是，现有的骨干还不足以支撑斗争的大厦，还须广大地培养人材（才）。在中国人民的伟大的斗争中，已经涌出并正在继续涌出很多的积极分子，我们的责任，就在于组织他们，培养他们，爱护他们，并善于使用他们。"④毛泽东的讲话将培养人才、善用人才作为党能够完成历史任务的关键因素来看，足以表明我们党当时对选贤与能的高度重视。较之于中国古代政治思想，如《荀子》中所说的"故法不能独立，类不能自行，得其人则存，失其人则亡。法者，治之端也；君子者，法之原也。故有君子，则法虽省，足以遍矣"，以及《贞观政要》所说的"为政之要，惟在得人。用非其才，必难致治"，都可见毛泽东的人才思想与之一脉相承而扬长避短，成为中国革命以及现代化转型过程中的一篇华章。

---

① 《毛泽东选集》第1卷，人民出版社1991年版，第277页。
② 《毛泽东选集》第2卷，人民出版社1991年版，第526页。
③ 《毛泽东文集》第2卷，人民出版社1993年版，第63页。
④ 《毛泽东选集》第2卷，人民出版社1991年版，第526页。

邓小平坚持和发展了毛泽东在实践中培养人才的观点，作出了实践出人才的重要指示。邓小平认为，人才脱离实践是无法成才的，实践是检验真理的唯一标准，而人才只能在实践中产生，"我们只能在干中学，在实践中摸索"。邓小平认为，要根本解决我国人才问题，必须给予利于人才成长的环境与条件，最重要的就是要"尊重知识、尊重人才"。1977年5月，在与中央同志谈话时，邓小平明确提出了这一观点。针对"文化大革命"极左思潮泛滥时期流行的"知识越多越反动""知识分子是臭老九"等错误言论，邓小平强调："一定要在党内造成一种空气：尊重知识，尊重人才。要反对不尊重知识分子的错误思想。"[1] 这一讲话极大促进了当时教育、科技战线的拨乱反正，同时对释放人才的积极性，发挥人才在建设有中国特色社会主义事业中的作用，提高干部素质，起到了积极作用。江泽民继承了邓小平的"教育基础论"和"科技关键论"，提出了科教兴国战略。科教兴国战略的实施，既为人才培养提供了战略平台，也为人才的培养适应于新的市场环境创造了基本条件。创新是国家发展的灵魂，是民族强大的不竭动力，也是政党保持活力的源泉。创新工作归根结底有赖人才的厚度与深度，着力选拔其中的"高素质创新型人才"，将其充实到干部队伍中去。胡锦涛的人才观的重心是"人才强国"的"效能本体论"。他在继承毛泽东、邓小平、江泽民的人才思想基础上，根据新世纪、新阶段国家发展的新要求，坚持科学发展观，全面建设小康社会，继续推进实践创新和理论创新，提出并系统阐述了面向21世纪以人为本的人才强国战略思想，把"以人为本，人才强国"放到显著位置。

---

[1] 《邓小平文选》第2卷，人民出版社1994年版，第41页。

综观新中国几代领导人的人才观念，既有着无产阶级政党的核心精神，又汲取了中国古代任人唯贤思想的精华。归结起来，从旧到新，中国共产党人对于任人唯贤的传统观念作出了三点重要继承。第一，五湖四海，广揽人才。中国古代推崇三代之治的公心，不以血统、门第为选才用人的限制；而中国共产党则更为彻底地打破了封建因素的限制，对于一切拥护共产主义、热爱中华民族、服务人民群众的先进分子都予以吸纳、重用，促使人才源源不断地生长起来。第二，贤能并举，德才兼重。中国古代政治尤其讲求"修身"，将个人道德修养视为政治生活的根本保证。中国共产党历来要求选人、用人必须做到以德为先，重视考察个人的政治信仰与道德品质，不断增强人才队伍的专业技能和干事能力。第三，民之所好好之，民之所恶恶之。中国古代政治强调民本意识，要求重视民意。中国共产党对于"贤能"的选拔判定，也把考量人民群众的意见作为重要环节，一切工作要以老百姓的切身感受为基础，做到为民选才。现在，任人唯贤已经写入中国共产党章程。2018年11月26日，习近平总书记在十九届中央政治局第十次集体学习时强调："用人以公，方得贤才。历史上那些盛世治世，都同注重立公道、举贤良相关。公正用人是我们党立党为公、执政为民在组织路线上的体现，应该成为我们选人用人的根本要求。"由此可见任人唯贤是中国共产党选拔、培养、使用和管理干部的根本要求，也是中国共产党一贯坚持和执行的组织纪律。

四 同心同德
任人唯贤与新时代中国共产党的价值取向

习近平总书记在庆祝中国共产党成立100周年大会上正式宣告中国共产党即将踏上"新的赶考之路",永葆理想,不断奋进,是无产阶级政党践行初心使命的本质要求。党的十八大以来,中国共产党清醒地认识到新的历史方位和时代条件在发展道路中所扮演的重要角色。为了有效推进中华民族伟大复兴,为了人民群众的根本福祉,中国共产党立足于在新的历史条件下思考新的重大时代课题,尤其是全面建成小康社会的目标完成后,我国发展面临诸多新形势、新任务、新条件、新环境等,都必须予以重新考量。逆水行舟,不进则退。以全面建设社会主义现代化国家、实现第二个百年奋斗目标为新的战略任务,意味着我们必须长期保持乘势而上、不被外部力量迟滞甚至打断的发展环境;与此相应,全党、全国人民必须强化使命意识,始终恪尽职守、不忘初心、牢记使命,坚定历史自信,增强历史主动,谱写新时代中国特色社会主义更加绚丽的华章。因此,习近平新时代中国特色社会主义思想就是对新时代坚持和发展什么样的中国特色社会主义、怎样坚持和发展中国特色社会主义,建设什么样的社会主义现代化强国、怎样建设社会主义现代化强国,建设什么样的长期执政的马克思主义政党、怎样建设长期执政的马克思主义政党等一系列重大时代课题的科学回答。由此可见,如何任用干部、选拔干部,建立一支符合人民期待的干部队伍,是新时代中国共产党完成历史使命过程中必须做好的一项关键任务。

如前所述,中国共产党之所以能够从只有50多名党员的规模一步步发展壮大、不断胜利,与其始终高度重视干部队伍建设密不可分。

党的十八大之前，由于复杂的国内外形势，干部选拔任用工作中一度出现了"任人唯亲、排斥异己""收买人心、拉动选票""封官许愿、利益均沾""团团伙伙、拉帮结派"等严重破坏党纪国法的不正之风；在贪腐行为的背后，往往伴随着干部任用的种种不合理、不合规。这些错误行为，极大地损害了党的威信，在人民群众中产生了严重的消极影响；在一些干部任用长期失序、失规的地区，产生了很不好的社会影响。党的十八大之后，以习近平同志为核心的党中央极为敏锐地意识到这一问题的严重性，以壮士断腕的勇气，直面问题、处理问题。十年来，党中央以坚强的政治定力将从严治吏作为全面从严治党的重点内容，重新确立了党的用人规范，极大地丰富了马克思主义政党选用干部的理论体系，并且呈现出鲜明的思想特征。以下我们从用人原则、用人标准、用人方法这三个方面予以总结。

首先，新时代中国共产党选用人才的原则，凸显了党性修养在人才考察中的首要位置。2012年，在党的十八届一中全会闭幕式上，习近平总书记发表重要讲话，着力强调了党性修养对于党员、党组织的重要性。他特别指出，党员领导干部要争做学习党章、遵守党章的模范。党中央特别指出，党的作风关系党的形象，关系人心向背，关系党的生死存亡。领导干部特别是高级干部作风如何，对党风政风乃至整个社会风气的走向具有重要影响。每一个党员，都必须把党章深入内心，成为自觉自愿遵守的规范原则。另外，党章不仅对党员权利和义务有着基本说明，更清晰地构建了党的各级领导干部所应具备的基本条件。习近平总书记强调，要严格按照党章规定的党员领导干部必须具备的六项基本条件，提高自身素质和能力，见贤思齐，不断改进。在六项基本条件中，党性修养是第一位的。他指出："党性是党员干部立身、立业、立言、立德的基石，……必须在严格的党内生活锻炼中不断增强。"①可见，习近平总书记选用人才的基本原则就是要符合党章对领导干部的基本要求，即要有党性修养。什么是党性修养？党性修养是党的本质属性的个人内化，是党员自身在改造客观世界、为人民服务的过程中自觉运用党性原则以及共产主义理想指导、约束自己的行为，克服错误思想，不断改造主观世界，不断开创实践的具体表现。毛泽东说："人总是要有点精神的。"人的挺立也就是人格的挺立。党的十八大报告指出："对马克思主义的信仰，对社会主义和共产主义的信念，是共产党人的政治灵魂，是共产党人经受住任何考验的精神支柱。"中国共产党是完全为了中国人民的幸福生活而建立起来并且保持不懈奋斗的，中国共产党没有专属自身的特殊利益，作为党员，更不能产生私心、私欲，这是一个没有人可以撼动的政治常识。作为实现中国特色社会主义现代化强国这一目标的领导者与实践者，中国共产党的干部队伍必须坚定理想信念，服从党的领导，永远站在人民群众一边。"理想指引人生方向，信念决定事业成败"，习近平总书记对"好干部"提出的第一要求就是要有坚定的理想信念，"理想信念坚定，是好干部第一位的标准，是不是好干部首先看这一条"②。在复杂多变的当前形势下，外界有着各种各样的诱惑，没有坚定的理想信念而手握权力，实际上很难抵挡各种"糖衣炮弹"的攻击。习近平总书记在十八届中央政治局第一次集体学习时就曾指出，没有理想信念，理想信念不坚定，精神上就会"缺钙"，就会得

---

① 《习近平关于全面从严治党论述摘编》，中央文献出版社2016年版，第25页。
② 《习近平关于"不忘初心、牢记使命"论述摘编》，中央文献出版社2019年版，第75页。

"软骨病"。因此，领导干部必须树立坚定正确的理想信念，这就是中国共产党能够永葆先进性的力量源泉，更是党员干部保持党性原则的思想基础。因此，在习近平总书记看来，选用人才时必须在理想信念这个问题上实行一票否决制，拒绝阴阳人。那些没有正确的理想信念的好利之徒绝不能为官执政，否则只能误党误国。孟子说："吾善养吾浩然之气。"中国人自古以来就有着富贵不能淫、贫贱不能移、威武不能屈的气概。在纯洁、坚定的理想信念面前，一切阴谋诡计、引诱腐化都将烟消云散。对中国共产党人来说，正确的理想信念就是对马克思主义的信仰，对实现共产主义的信念。

其次，新时代中国共产党选用人才的标准，重心落在德才兼备上。习近平在任浙江省委书记时，就曾撰文《用权讲官德，交往有原则》；2009年，他在全国组织部长会议上强调干部应有"四德"标准，即职业道德、社会公德、家庭美德和政治品德，这是首次对干部"德"的问题作较为全面的论述；不久他又指出德才兼备、以德为先培养选拔年轻干部，必须加强年轻干部的党性修养；2011年，中组部制定《关于加强对干部德的考核意见》，明确干部选任中"以德为先"如何操作；2015年，习近平总书记又提出新时期好干部的五条具体标准，明确对干部的道德要求；2016年7月1日，他在庆祝中国共产党成立95周年大会上发表重要讲话，强调要坚持德才兼备、以德为先，坚持五湖四海、任人唯贤，坚持事业为上、公道正派，坚决防止和纠正选人用人上的不正之风，把党和人民需要的好干部精心培养起来、及时发现出来、合理使用起来；2018年11月26日，他在主持十九届中央政治局第十次集体学习时强调要严把德才标准。德才兼备，方堪重任。我们党历来强调德才兼备，并强调以德为先。作为中华优秀传统文化的忠实继承者和弘扬者，中国共产党人非常重视"修身"，时刻要求加强自身的道德修养。如前所述，德的要求中还包含了对干部个人的私德要求，一个人只有明大德、守公德、严私德，其才方能用得其所。干部对自身应有严格的要求，对党和国家有"大德"、对社会有"公德"、对个人有"私德"，干部在日常生活中还应该"重品行、正操守、养心性"。当然，强调把德放在首位，并不是可以降低对于才的要求，而是强调以德为首、德才兼备。一个干部有德无才，难以担当重任；有才无德，最终也会严重危害党和人民的事业。只有德才兼备、以德为先的干部，才能做到想干事、能干事、干成事而又不出事，履行好党和人民赋予的职责。时代是不断变化发展的，人才之才，要有在时代要求中不断进步的真才实学，具备符合建设现代化强国的知识眼界与技术能力。习近平总书记指出，干部要"保持先进，走在前列"，"立足自身，不甘现状，追求更好，敢于突破"，要能够"保持先进性，就是要始终保持那么一股劲、那么一种精神，从我做起，从现在做起，勇于走在时代前列"[①]。

最后，新时代中国共产党选用人才的方法，在于重视实效、兼收并蓄。新时代具有适应时代要求和人民愿望的大政方针和行动纲领。为了避免选拔干部过程中的不健康状况，必须形成正确的选人用人导向、顺畅的能上能下机制，确保党可以选出一心一意为人民服务的好干部，塑造风清气正的政治生态。与此相应，为了保证我们所坚持的社会主义现代化强国之路能够行稳致远，新时代的好干部标准也具有多重含义、多种要求。总体来看，新时代好干部的基本含义主要包括以下几点：第一，习近平总书记在全国组织工作会议上用"信念坚定、

---

① 习近平：《之江新语》，浙江人民出版社2007年版，第143页。

为民服务、勤政务实、敢于担当、清正廉洁"这20个字总结了新时代好干部的完整内涵。第二，习近平总书记提出的"三严三实"要求和"忠诚、干净、担当"要求，从各个方面的标准强调了理想信念对于好干部的重要性，明确好干部应担当作为。把这两个特点合在一起，就能够体会到习近平总书记为什么多次要求全党同志争做"心中有党、心中有民、心中有责、心中有戒"的焦裕禄式的好干部。以焦裕禄同志为典范，我们必须坚持干部选任事业至上的导向，就是在确定了好干部标准后，在干部选拔任用工作中坚持以业绩为核心考察标准，充分激发干部开拓进取的精神，让干部敢做事、能做事。习近平总书记在2014年指出："选什么人就是风向标，就有什么样的干部作风，乃至就有什么样的党风。"① 具体而言，坚持任人唯贤，也就是坚持事业至上的导向，就是坚持以党和人民的实际需求来选拔人才，以人民的幸福生活作为标准评价干部的工作，以国家的事业建设成效来评判干部的绩效。工作、绩效考察，必须落在实处，有目共睹，避免单纯的表格化、数据化考察。唯其如此，才能坚持为党和人民的事业选拔人才，真正做到立党为公、执政为民。2014年，在全国组织工作会议上，习近平总书记强调，要树立强烈的人才意识，寻觅人才求贤若渴，发现人才如获至宝，举荐人才不拘一格，使用人才各尽其能。"不拘一格降人才"问题被特别提出，也可以被视为新时代任人唯贤的一个鲜明注脚。

新时代的"新"，既在于新的历史机遇，更在于新的历史实践。2016年，习近平总书记在网络安全和信息化工作座谈会上的讲话指出，人才评价机制不唯学历，不唯论文，不唯资历，必须突破资历学历的局限，不按个人好恶、亲疏远近，打破宗派、山头，广揽天下人

---

① 《习近平谈治国理政》第1卷，外文出版社2018年版，第418页。

才。在此理念的支持下，一大批青年干部和党外干部得到了任用，形成了海纳百川、兼收并蓄、人尽其才的良好局面。近年来，大力培养和选拔青年干部已经成为一股强劲的政治新风，在总体上有利于优秀年轻干部脱颖而出的选拔机制已经初步建立，2013年，习近平总书记在全国组织工作会议上讲话强调："对那些看得准、有潜力、有发展前途的年轻干部，要敢于给他们压担子，有计划安排他们去经受锻炼。"[1] 实现干部队伍的革命化、年轻化、知识化、专业化，这是坚持中国特色社会主义道路，集中力量进行现代化强国建设的重要保证。正是因为源源不断培养造就了一批又一批优秀干部，中国共产党才始终充满生机活力，团结带领人民攻坚克难，取得了一个又一个伟大胜利。在新时代，我们看到一幅正在展开的社会主义现代化强国建设的壮丽画卷，所有人都有机会参与这幅画卷的描绘：有多大担当才能干多大事业，尽多大责任才能有多大成就，敢想、敢做、敢当的担当精神，就是新时代任人唯贤的生动写照。

五 再上征途
任人唯贤与推进新时代的伟大征程

如何识人，如何用人，是任何一个文明共同体所必须持续思考的问题。越是在向前跃进的历史关键期，这个问题就越是需要妥善处理。习近平总书记在党的二十大报告中提出："全面建设社会主义现代化国家，必须有一支政治过硬、适应新时代要求、具备领导现代化

---

[1] 习近平：《建设一支宏大高素质干部队伍　确保党始终成为坚强领导核心》，《党建》2013年。

建设能力的干部队伍。坚持党管干部原则,坚持德才兼备、以德为先、五湖四海、任人唯贤,把新时代好干部标准落到实处。树立选人用人正确导向,选拔忠诚干净担当的高素质专业化干部,选优配强各级领导班子。坚持把政治标准放在首位,做深做实干部政治素质考察,突出把好政治关、廉洁关。加强实践锻炼、专业训练,注重在重大斗争中磨砺干部,增强干部推动高质量发展本领、服务群众本领、防范化解风险本领。加强干部斗争精神和斗争本领养成,着力增强防风险、迎挑战、抗打压能力,带头担当作为,做到平常时候看得出来、关键时刻站得出来、危难关头豁得出来。完善干部考核评价体系,引导干部树立和践行正确政绩观,推动干部能上能下、能进能出,形成能者上、优者奖、庸者下、劣者汰的良好局面。抓好后继有人这个根本大计,健全培养选拔优秀年轻干部常态化工作机制,把到基层和艰苦地区锻炼成长作为年轻干部培养的重要途径。重视女干部培养选拔工作,发挥女干部重要作用。重视培养和用好少数民族干部,统筹做好党外干部工作。做好离退休干部工作。加强和改进公务员工作,优化机构编制资源配置。坚持严管和厚爱相结合,加强对干部全方位管理和经常性监督,落实'三个区分开来',激励干部敢于担当、积极作为。关心关爱基层干部特别是条件艰苦地区干部。"这一关于选拔人才、任用人才的纲领性表述继承了马克思主义哲学辩证唯物主义和历史唯物主义的基本观点,以中国古代传统文化的智慧为基础,在任人唯贤的理念上既有继承延续又有突破创新。形成了一套比较完整的选用人才的理论体系,承前启后、继往开来,从思想、理念、制度等层面界定了用人的原则、标准、方法。这对于满足新时代党和国家对人才的客观需求,提高执政党的能力,加快社会主义现代化强国建设,有着特别重大的意义。下面我们就从三个方面来讲明任人唯贤与推进新时代的伟大征程的关系。

首先,坚持把以人民为中心与加强党的全面领导结合起来。一方面,不忘初心,是中国共产党人的自我要求。习近平总书记强调:"为人民谋幸福,是中国共产党人的初心。我们要时刻不忘这个初心,永远把人民对美好生活的向往作为奋斗目标。"[①]坚持一切为了人民,带领全国人民不断创造美好生活,充分诠释了中国共产党人的根本立场,充分诠释了全心全意为人民服务的根本宗旨。以习近平同志为核心的党中央始终秉持以人民为中心的发展思想,以人民群众的幸福生活为最大政绩,始终把人民利益摆在至高无上的地位,顺应我国社会主要矛盾已经发生历史性的客观变化的实践要求,着力解决我国目前发展不平衡不充分的问题,更好地满足人民日益增长的美好生活需要。习近平总书记强调,群众路线始终是党的生命线和根本工作路线。在新时代的征程中,我们要坚持一切为了群众,一切依靠群众,从群众中来,到群众中去。坚持以人民为中心的根本立场,必须把群众路线贯彻到治国理政全部活动之中。另一方面,正如习近平总书记在党的二十大报告中所指出的,"全面建设社会主义现代化国家、全面推进中华民族伟大复兴,关键在党","党的领导是全面的、系统的、整体的,必须全面、系统、整体加以落实。健全总揽全局、协调各方的党的领导制度体系,完善党中央重大决策部署落实机制,确保全党在政治立场、政治方向、政治原则、政治道路上同党中央保持高度一致,确保党的团结统一。完善党中央决策议事协调机构,加强党中央对重大工作的集中统一领导"。坚持党的全面领导与坚持以人民

---

① 习近平:《在党的十九届一中全会上的讲话》,《求是》2018年第1期。

为中心在新时代任人唯贤的要求中形成了有机的统一。党性修养和服务群众的本领是选拔干部的关键考核因素。党员领导干部是党的干部，应当"时刻想到自己是党的人，时刻不忘自己对党应尽的义务和责任，相信组织、依靠组织、服从组织，自觉维护党的团结统一"。与此同时，党员干部又要时时刻刻以为人民服务为根本宗旨，不断提升服务群众的本领，踏实肯干，开拓进取，深入基层、深入实际、深入群众。习近平总书记多次强调领导干部的权力是党和人民赋予的，因此必须接受党和人民的监督，时刻保持应有的敬畏之心。党的十八大以来，以习近平同志为核心的党中央将惩处腐败现象作为工作重点，提出了"让人民监督权力，让权力在阳光下运行，把权力关进制度的笼子"等重要论断，强调"领导干部手中的权力都是党和人民赋予的，领导干部使用权力，使用得对不对，使用得好不好，当然要接受党和人民监督。不想接受监督的人，不能自觉接受监督的人，觉得接受党和人民监督很不舒服的人，就不具备当领导干部的起码素质"[①]。就此而言，看一个干部是不是好干部，或者看一个干部是否能够担当重任，是否能够得到提拔任用，就是要重点考察其对于党的忠诚以及为人民服务的工作成果。具体而言，一要在讲党性的要求下将人民群众视为事业的根本，二要以高超的服务群众本领让人民真正受益，使人民群众相信党、爱戴党。

其次，坚持把理论创新与实践导向结合起来。中国共产党自成立之日起，就是一个以实践实干为基本要求的政党。通过实践发现真理，又通过实践证实真理和发展真理；从感性认识而能动地发展到理性

---

① 《习近平关于党风廉政建设和反腐败斗争论述摘编》，中国方正出版社、中央文献出版社2015年版，第122页。

认识，又从理性认识而能动地指导革命实践，改造主观世界和客观世界，这个过程就是无产阶级政党的行动原则与内在逻辑。党的二十大报告号召全党"坚定历史自信，增强历史主动，谱写新时代中国特色社会主义更加绚丽的华章"。实践是检验真理的唯一标准，中国共产党在其百年奋斗历史进程中通过伟大实践斗争来把握历史主动，推动历史发展进步。众所周知，推动社会进步的动力寄托于党和人民的历史能动主体性；与此同时，不断推进理论创新，就能使得历史能动主体获得理论与实践的双重自主性，形成具体实践与理论总结的积极互动。在新时代的工作环境、工作要求下，选人用人的新经验源源不断地从党的干部队伍建设中得以提炼出来。党中央在领导全面从严治党的过程中，既重视具体实践，又能够及时归纳最新经验，总结出"从严治党，重在从严管理干部""领导干部要严以修身、严以用权、严以律己，谋事要实、创业要实、做人要实""坚持选人用人和严格管理相统一，既把德才兼备的好干部选出来、用起来，又加强管理监督，形成优者上、庸者下、劣者汰的好局面"等我们党要长期推进并不断改进的任人唯贤理念。由此可见，只有来自实践的理论总结才能够进一步指导实践，使之富于内在的生命力。问题导向是与总结归纳最新经验相应的，以解决好任用干部中存在的突出性问题为从严治吏的抓手，正视干部队伍中理想信念动摇的种种主要表现，克服党内"好人主义"，坚持"不唯票、不唯分、不唯年龄、不唯GDP"的"四不唯"精神。在新时代的新形势下，许多具体的针对性指导原则得到确立，如是否能树立牢固的宗旨意识，是否能对工作极端负责，是否能做到吃苦在前、享受在后，是否能在急难险重任务面前勇挑重担，是否能经得起权力、金钱、美色的诱惑，都需要有更为严格的考察。这就要求我们要紧密结合干部工作实际，认真总结，深入研究，不断改进，努力形成系统完备、科学规范、有效管用、简便易行的制度机制。特别值得注意的是，习近平总书记在强调从严治吏的同时多次指出要爱护干部，"坚持严管和厚爱结合、激励和约束并重，完善干部考核评价机制，建立激励机制和容错纠错机制，旗帜鲜明为那些敢于担当、踏实做事、不谋私利的干部撑腰鼓劲"[①]。他尤其告诫各级党组织要关心爱护基层干部，主动为他们排忧解难。从任人唯贤的角度来看，这就等于在"贤"的内容上以具体实践推进了其理论上的升华。

最后，坚持普遍性要求与特殊性要求相结合。在马克思主义哲学的范畴内，分析问题既要抓住矛盾的普遍性，也要抓住矛盾的特殊性。习近平总书记关于"任人唯贤"的选人用人理念充分反映了马克思主义哲学的这一基本立场。一方面，他对全体党员干部提出从严治党要求，普遍强调从严治党的重点在于从严管理干部；同时提出要坚持以严的标准要求干部、以严的措施管理干部、以严的纪律约束干部，使干部心有所畏、言有所戒、行有所止。另一方面，对于不同层级、不同领域的干部，他又提出了许多有针对性的特殊要求，以增强从严治吏的具体实效。关于高级干部，习近平总书记指出："高级干部一旦犯错误，造成的危害大，对党的形象和威信损害大。"[②] 因此，在国内外各种挑战并存的情况下，"四个意识"必须得到凸显，全党同志都要加强党性锻炼，努力提高政治觉悟和政治能力，保持共产党人政治本色。对于选用干部而言，这是一个普遍的、根本的要求；而在具

---

① 习近平：《决胜全面建成小康社会　夺取新时代中国特色社会主义伟大胜利——在中国共产党第十九次全国代表大会上的报告》，人民出版社2017年版，第64页。

② 习近平：《关于严明党的纪律和规矩论述摘编》，中央文献出版社、中国方正出版社2016年版，第96页。

体的职能要求上，习近平总书记又各有侧重。对于关键部门的高级领导干部，他强调领导干部特别是高级干部要把系统掌握马克思主义基本理论作为看家本领，对高级干部来说，我们党需要的是一大批善于治党治国治军的政治家，而不是胸无点墨、利欲熏心的政客。对于各地的县委书记，习近平认为"一个县就是一个基本完整的社会……县委书记在干部序列中说起来级别不高，但地位特殊"[1]，因此，县委书记必须是"四有"干部，即"心中有党、心中有民、心中有责、心中有戒"。在此基础上，县委书记要努力成为党和人民信赖的好干部，还必须做"政治的明白人""发展的开路人""群众的贴心人""班子的带头人"。另外，他还强调"省市两级党委要落实主体责任，抓好县委这个关键，特别是要强化县委书记的责任担当"。对于国有企业领导人员，习近平总书记强调："国有企业领导人员是党在经济领域的执政骨干，是治国理政复合型人才的重要来源，肩负着经营管理国有资产、实现保值增值的重要责任。国有企业领导人员必须做到对党忠诚、勇于创新、治企有方、兴企有为、清正廉洁。国有企业领导人员要坚定信念、任事担当，牢记自己的第一职责是为党工作，牢固树立政治意识、大局意识、核心意识、看齐意识，把爱党、忧党、兴党、护党落实到经营管理各项工作中。"[2] 对于军队干部，习近平强调"欲治兵者，必先选将"。"军队高中级干部是要带兵打仗的，是要在强军事业中起骨干作用的。"[3] 军队是党和国家的基础保障，是社会主义事业的坚强捍卫者，是人民的军队，军队干部必须做到对党忠诚、善谋

---

[1] 习近平：《做焦裕禄式的县委书记》，中央文献出版社2015年版，第2—3页。
[2] 《习近平谈治国理政》第2卷，外文出版社2017年版，第177—178页。
[3] 《十八大以来重要文献选编》（中），中央文献出版社2016年版，第198页。

打仗、敢于担当、实绩突出、清正廉洁。

总之，习近平总书记在论述"任人唯贤"的问题时，不但从宏观上把握党的干部整体要求，着力讲清楚普遍性原则及标准；也深刻地指出不同层级、不同领域干部的特殊性要求，对于不同职能、不同领域有着不同的侧重和安排。因此，普遍性从严是特殊性要求的基础，特殊性要求是普遍性从严的深化，两者有着哲学层面和实践方法上的深度结合，共同构成了习近平总书记关于"任人唯贤"的选人用人理念的一大特点。

中国共产党是在中华优秀传统文化的土壤里成长起来的马克思主义政党，兼具现代性意识与文明复兴的使命。在带领中国人民进行革命、建设、改革的长期历史实践中，中国共产党既是中国先进文化的积极引领者和践行者，又是中华优秀传统文化的忠实传承者和弘扬者。"第二个结合"，是我们党对马克思主义中国化时代化历史经验的深刻总结，是对中华文明发展规律的深刻把握，表明我们党对中国道路、理论、制度的认识达到了新高度，表明我们党的历史自信、文化自信达到了新高度，表明我们党在传承中华优秀传统文化中推进文化创新的自觉性达到了新高度。总体上看，新时代选用干部及干部队伍建设取得了举世瞩目的显著成就，这无疑是得益于习近平总书记关于"任人唯贤"的选人用人理念的指导。为政之要，唯在得人。人才兴则国兴，这是一个久经考验而屹立不摇的真理。准确把握习近平总书记关于"任人唯贤"的选人用人理念的鲜明特征，对于进一步加强新时代党的干部队伍建设，把马克思主义基本原理同中国具体实际相结合、同中华优秀传统文化相结合，建设中华民族现代文明，有着巨大的意义。

第六章

天人合一

乔清举　李毅

习近平总书记指出:"中华文明历来崇尚天人合一、道法自然,追求人与自然和谐共生",①"中华文化崇尚和谐,中国'和'文化源远流长,蕴涵着天人合一的宇宙观、协和万邦的国际观、和而不同的社会观、人心和善的道德观";② 党的二十大报告将"天人合一"列为中华优秀传统文化中最为重要的十大观念之一。"天人合一"集中体现了中华文明对于宇宙以及人与宇宙万物之间关系的总体看法,讲明这一观念的准确内涵和时代意义,有助于我们深刻理解中华文明的宇宙观及其当代价值,有助于我们深刻领会习近平新时代中国特色社会主义思想,尤其是其中的生态文明思想,在充分汲取中华优秀传统文化精髓的基础上,推动构建人与自然和谐共生的中国式现代化。

一 文献出处
从《易经》到宋明

"天人合一"是中华文明的核心命题,是中华文明的根基和枢纽,也是传统中国人的自然观、世界观和存在方式。

作为中华文明源头性经典的《易经》将天、地、人并列为"三才",提出"大人者,与天地合其德"的命题,认为人类可以"裁成天地之道,辅相天地之宜",将天地的规律揭示出来并帮助天地化育

---

① 习近平:《论坚持人与自然和谐共生》,中央文献出版社2022年版,第277页。
② 《习近平关于中国特色大国外交论述摘编》,中央文献出版社2020年版,第124页。

万物。中华文明中的"天"有四个方面的含义：一是主宰之天，这主要体现在周代以前的原始宗教中，在《诗经》中，中国人就常常将"天"称为"上帝"，意为在上的主宰者；二是自然之天，它包括人们头顶上的一切，大气、日月乃至整个宇宙；三是义理之天，也即宇宙的最高原理、最深规律；四是命运之天，即一种深刻影响个人，但却不能被个人完全掌握的外在力量。致力于揭示宇宙之道的《易经》有六十四卦，每一卦都本于"兼三才而两之"的精神而形成，每一卦六爻的初、二爻代表地，三、四爻代表人，五、上爻代表天。这样，在《易经》中，人便被整合进了天、地、人的结构中。天地的运行对于人的行为有先验的规定和限制意义，人必须按照天地运行的原则或方式行事。以乾卦为例，它的爻辞初九"潜龙勿用"、九二"见龙在田"，说的都是自然的事；九三"君子终日乾乾、夕惕若，厉，无咎"，便开始陈述人事；九五"飞龙在天"、上九"亢龙有悔"，是龙已上天，仍说的是自然的事情。其他六十三卦也有类似的结构。这就是《易经》中的"天人合一"，也可以叫作"因天"。

中国礼乐理论的鼻祖《礼记·乐记》提出"大礼与天地同节，大乐与天地同和"，意为人类最好的礼仪应该是像天地那样详略得当，人世间最伟大的音乐应该是像天地那样平和中正，总而言之，人类的文明创造应当达到"与天合一"的地步。《礼记·礼运》上说："人者，天地之心也。"[1] 将宇宙视为一个整体，同时将人视为这一整体的核心、头脑所在，如马克思一样将自然界视为"人的无机的身体"。贯穿于天、地、人和万物的原则是"仁"，"仁"在天地表现为万物的不断生长，在人类这里则表现为对他人的爱怜。经由"仁"，天地的生生之

---

[1] 阮元校刻《十三经注疏》(下)，中华书局1980年版，第1424页。

德变成了人心的内在之德。这种以"仁"为枢纽的天人合一观，代表着中国哲学理论思维的最高水平。若问天人合一合于什么，答曰：合于仁。"仁"将人与天地万物统摄起来，成为一体。在儒家哲学中，"人"既不是近代西方哲学主张的征服自然、控制自然的攻击性和占有性的主体，也不是"蔽于天而不知人"的消极、被动、匍匐于自然威力之下的人，而是自强不息、厚德载物的刚健奋进的德性主体。厚德载物的"物"包括天地万物，"载"是承载和包容。厚德载物不仅是一种人际关系伦理原则，也是主体与世界的关系原则，是承担对于自然的道德责任，与自然形成生命共同体、道德共同体。对于自然界的不利因素，儒家主张"延天佑人"，即沿着自然发展的方向帮助自然、完善自然，在这一过程中与自然相适应，获得自然带来的利益，而不是把自然作为敌人，勘天役物。《易传》所说的"裁成天地之道，辅相天地之宜"，[①] 正是这个意思。

"四书"之一的《中庸》提出"天命之谓性"，将人性和天命贯通起来，又指出"唯天下至诚，为能尽其性；能尽其性，则能尽人之性；能尽人之性，则能尽物之性；能尽物之性，则可以赞天地之化育；可以赞天地之化育，则可以与天地参矣"，认为"至诚"之人能够尽己之性、尽人之性、尽物之性，最终与天地并立为三。孟子提出"尽心知性知天""存心养性事天""万物皆备于我，反身而诚，乐莫大焉"，认为人通过"尽心知性"就能够领会天道，通过"存心养性"就能够事奉天地，人可以有天地一样广大的胸襟，拥有了这种胸襟，就能够拥有最大的快乐。

除了儒家之外，道家学说中也蕴含着天人合一的智慧。如老子主

[①] 李学勤主编《十三经注疏·周易注疏》，北京大学出版社1999年版，第66页。

张"人法地，地法天，天法道，道法自然"，即人应该以大地为法则，大地以天空为法则，天空以道为法则，道以自然为法则。这里，"天"是与地相对应的天空，这个天是一个有限的存在，比它更高的是道；道是道家学说的最高范畴，其内涵或法则是"自然"。"自然"不是现在所说的自然界，而是事物"自己而然""自我生长"的状态。人-地-天-道-自然的结构是人站立在大地之上，大地存在于天空的覆盖之下，天是由道所支配的，而道的原则则是事物的自我生长。在老子学说中，天人关系表现为"道法自然"，实际上也是人法自然。而"道法自然"把自然界作为具有自己的本性的实体来对待，肯定了事物或自然界自身的自我生长的特性，要求人们不是妨碍而是顺应事物的自然本性，可以说是很符合今天的生态哲学原则的。庄子则提出"天地与我并生，而万物与我为一"，反对"以人灭天"，认为人应当将万物视为自己的一部分，而非和万物对立、奴役万物，而通过自我修养和自我提升，人最终可以达到"与天地精神往来"的至高境界。

在前人的基础上，西汉的董仲舒和北宋的张载先后正式提出了"天人合一"的命题。董仲舒说："以类合之，天人一也"[1]"天人之际，合而为一"[2]，指出天人之间是一种同类相合的关系。张载说："儒者则因明致诚，因诚致明，故天人合一。"[3]认为人可以通过"诚明两进"的修养达到天人合一的境界。张载还进一步提出了"民吾同胞，物吾与也"的思想，指出他人都是我们的同胞，万物都是天地的赐予，每个人都应当照顾他人和万物。同时期的程颢、南宋的朱熹，以及明代

---

[1] 苏舆：《春秋繁露义证》，中华书局2002年版，第341页。
[2] 苏舆：《春秋繁露义证》，中华书局2002年版，第288页。
[3] 张载：《张载集》，中华书局1978年版，第65页。

的王阳明，也分别提出了"仁者浑然与物同体""圣人之心，与天地万物为一体""大人者，以天地万物为一体者也"①的思想，无不认为最好的人应当是把天地万物都当作自己的一部分，并因此对之负责。可以说，天人合一是中国古代哲学家一以贯之的思想主张。

总体来说，作为中华文明基调的天人合一，主要有以下数个层面的意思：一是从起源上讲，人是天地的产物，天地和人类虽然有区别，但在根本上是深刻联系、相互影响、不可分割的；二是从物质构成层面来讲，天地和人由同样的元素构成，并通过物质与能量的交换而构成一个有机整体；三是从本体层面讲，人和万物的本性都是来源于天，是天赋予的，天道与人性是同一的；四是从功夫或者说人类责任的层面来讲，"自然界是人类的无机的身体"，人类的心灵不仅属于一身，而且属于天地万物，人类担负着维护生态系统同时发展文明的责任，这就要求人类遵循自然界的客观规律，按照与自然法则相适宜的方式行事，在保护好自然界的基础上进行生产活动，将人和自然统一起来，更好地造福人类，最终达到人与自然共生共荣、生生不息的和谐之境，这种境界可以说是天人合一的第五层意义——境界义。

二 文明塑造
敬畏自然与共生智慧

天人合一的观念，深刻塑造了中华民族的民族心理和文明特质。在天人合一的影响下，中华民族自古以来就具有强烈的生态意识，敬畏自然，敬畏生命。但中华民族对大自然的敬畏，并没有导向消极的

---

① 吴光等编校《王阳明全集》（下），上海古籍出版社1992年版，第968—969页。

无所作为，而是激发出一种善于协调、善于统筹，积极实现人类长久发展、达成人与自然和谐共生的卓越智慧。

在中华传统文化中，道德共同体本来就包括整个自然界，人类应当让自然界万物各尽其性。从人来说，要用仁、恻隐之心对待自然界；从物来说，则是承认自然的本性，尊重其价值，维护其权利，使其"尽性"。传统文化对于动物、植物、土地、山脉、河流都有系统的生态性认识，并把这种生态智慧表述为"仁，爱人以及物""顺物性命""德及禽兽""化及鸟兽""恩及鳞虫"[①]"恩及羽虫"[②]"泽及草木""恩及于土""恩至于水""德至深泉""恩及于金石"等，这些说法在其他文化中是非常罕见的，是生态文化建设的有益滋养。

让动植物"尽性"是为其生长提供适宜的条件，让其完成自己的生命周期。由于动植物的生命周期难以断定，所以传统上通常的做法是让动植物完成一个生长周期，即顺应春生、夏长、秋收、冬藏的自然规律，在秋冬季节进行猎杀和砍伐。这叫作"时限"、"时禁"或"以时禁发"，"取物必顺时候"，"伐木必因杀气"。据《礼记·祭义》记载，"曾子曰：'树木以时伐焉，禽兽以时杀焉。'夫子曰：'断一树，杀一兽，不以其时，非孝也。'"在此，杀伐"以时"被上升到了对于天地之孝的道德高度。

对于土地，传统文化重视的是它生养万物的本性，认为土地的特点是"生物不测"，要求"恩至于土"。中华传统文化把土地分为土、地、壤、田四个层次。"土"的本性是生长万物。许慎在《说文解字》

[①] 苏舆：《春秋繁露义证》，中华书局2002年版，第372页。
[②] 苏舆：《春秋繁露义证》，中华书局2002年版，第373页。

中说:"土,地之吐生万物者也。"① "地"的作用是承载和养育。《白虎通义》说:"地者,易也。言养万物怀任,交易变化也。"②《释名》说:"地,底也。其体在底下,载万物也。"③ "壤"是无板结的"柔土"。④ 段玉裁注《说文解字》时指出,"以物自生言言土","以人所耕而树艺言言壤"。⑤田是经过人工培育,有阡陌沟渠等设施的土地。《说文解字》说"树谷曰田",田是个象形字,"口十,阡陌之制"。⑥传统文化辨析土地的目的在于认识土地的生长本性,促使土地实现其本性。

关于河流,中华传统文化有四个命题。其一是"国主山川",认为名山大川主宰国家的命运。其二是"川,气之导也;泽,水之钟也",把河流与自然的其他部分视为一个统一的有机整体,认为河流是导气的。"导气",用科学语言来说是自然的循环。循环把人和自然联系起来,是一个有生态哲学意味的概念。其三是"水曰润下"。其四是"川竭国亡"。前者说明了河流滋润大地的性质。《国语》记载伯阳父说,"夫水土演而民用也"。"演"为"润"。伯阳父认为,若"水土无所演",则"民乏财用",国家灭亡。所以,古人自觉地反对壅川,避免"川竭国亡"。在现代科学中,山脉是惰性自然现象;而在中国文化中,山属于地,地属于土,是五行之一,所以山脉是一个活生生的自然现象。它是气的凝聚、大化的一个站点;同时又作为自然的一个环节,与河流一样起着导气的作用。《周易》说"山泽通气"。

---

① 段玉裁:《说文解字注》,上海古籍出版社1981年版,第682页。
② 陈立:《白虎通疏证》,中华书局1994年版,第421页。
③ 郭璞:《尔雅注疏》,《十三经注疏》下引,第2614页。
④ 段玉裁:《说文解字注》,上海古籍出版社1981年版,第683页。
⑤ 段玉裁:《说文解字注》,上海古籍出版社1981年版,第683页。
⑥ 段玉裁:《说文解字注》,上海古籍出版社1981年版,第694页。

朱子解释道："泽气升于山，为云，为雨，是山通泽之气；山之泉脉流于泽，为泉，为水，是泽通山之气。是两个之气相通。"①《礼记》说"山川出云"，认为山川是天地通气的"孔窍"，山脉具有含藏阴阳之气的性能，气挥发出来，即可出云致雨。

生态哲学的理念在历史上得到相当程度的落实，中国历代都设立自然管理部门和官职。最早的山林保护官职当是《尚书·舜典》中的虞官。"虞"有测度的意思，虞官要知道山的大小及其物产，"顺从草木鸟兽的特点"来进行管理。虞的官职得到了继承，《周礼》中有山虞、泽虞。虞官监督伐木以时的执行情况；对于盗伐林木的人实施刑罚；在祭祀山林时，代表山林之神受祭。与山虞相近的还有衡。"衡，平也，平林麓之大小及所生者。"林衡专职管理平地和山麓林木。《周礼》中还有一个与山林保护有关的官职是山师。照《礼记·王制》所说，名山大泽不封，天子设立山师掌管远方山林，这在一定意义上保护了自然环境。

古代也有管理水域的官职。据《周礼》记载，管理湖泽的官吏叫作泽虞，管理河流的叫川衡。泽虞的职责是"度知泽之大小及物之所出"，川衡的职责是"平知川之远近宽狭及物之所出"。川衡、泽虞都有掌握川泽禁令，处罚犯禁者的职能。在《周礼》中，与水相关的职位还有司险、川师、雍氏、萍氏等。在《管子》中，防治水害是和工程联系在一起的，所以管理水的官职是司空。历代关于水的官职还有很多，如《庄子》中有监河侯一职，"河"是黄河，可见黄河当时已有管理官吏。《汉书·百官公卿表上》记载有奉常一职，属员有"均官、都水两长丞"。颜师古引用如淳语注解说，都水的职责是管理渠

---

① 黎静德编《朱子语类》第5册，中华书局1994年版，第1971页。

堤水门。《三辅黄图》上说，三辅皆有都水也。又据《汉书·百官公卿表上》的记载，治粟内史、少府、水衡都尉、内史、主爵中尉属下都有都水之职。

关于土地管理的官职，《周礼》记载有大司徒、小司徒、遂人、土均、土训、均人等。小司徒的职责是熟知百姓和土地的数量，把土地分为上、中、下三等，分配给百姓。遂人管理土地中的沟渠，土均负责平均税负，土训负责教民因地制宜耕种。古代从事山脉的保护工作的官职是山虞。《周礼》记载有卝人一职，是管理矿产资源的官吏。他的职责是掌管金玉锡石产地，厉禁以守之。卝人取矿产供给冬官制作器物，供君王使用，百姓不得染指。卝人厉守资源地具有垄断的性质，但在客观上维护了山林的生态平衡。

为了防止人对大自然的不当行为，历代还制定了系统的法律。在《逸周书》《礼记》等典籍中，关于动物保护的政令与法律甚多，其中最为系统的是《礼记·月令》。如孟春之月："牺牲毋用牝。禁止伐木，毋覆巢，毋杀孩虫，胎夭飞鸟，毋麑毋卵。"郑玄认为，这是为了防止"伤萌幼之类"。与此相同的规定还出现在《吕氏春秋》中，这表明动物保护的思想在当时已经相当普遍。目前发现的最早的动物保护法律出现在睡虎地出土的《秦律十八种·田律》中，如"不夏月，毋敢……麛鷇（卵）𣪊，毋□□□□□□毒鱼鳖，置穽（阱）罔（网），到七月而纵之"。西汉时期汉宣帝曾下令说："前年夏，神爵集雍。今春，五色鸟以万数飞过属县，翱翔而舞，欲集未下。其令三辅毋得以春夏摘巢探卵，弹射飞鸟。具为令。"近年考古学界在甘肃省敦煌悬泉置汉代遗址发现的泥墙墨书《使者和中所督察诏书四时月令五十条》中，也有不少保护动物的法令及对法令的解释。

林木保护的政令，仍以《礼记·月令》最为系统。受儒家文化的影响，除了政令外，历代还有一些保护林木的法律，如《秦律十八种·田律》、居延汉简等。《秦律十八种·田律》规定："春二月，毋敢伐材木山林……。不夏月，毋敢夜草为灰，取生荔……到七月而纵之。唯不幸死而伐绾（棺）享（椁）者，是不用时。"

　　传统文化对于土地的生态性管理是十分重视的。《周礼》记载有"土宜之法""土会之法""土化之法"等。"土宜之法"是辨别十二个地方的不同物产，帮助和教导人民定居、繁衍、从事农业和种植树木，促使鸟兽繁殖，草木繁荣，从而充分地发挥土地的作用。"土会之法"是把地貌、地质分为山林、川泽、丘陵、坟衍、原隰五类，辨别各种地质的物产和那里的人民的特点。"土化之法"是肥田的方法，是用草木灰改良土壤，确定适宜种植的植物。草人负责这项工作。休耕是中国古代保持土地肥力的一项重要措施，也叫"爰田""辕田"等。据《周礼》记载，官府授田给百姓，"不易之地家百亩，一易之地家二百亩，再易之地家三百亩"。"不易之地"不需要休耕，"一易之地"休、耕间隔一年，"再易之地"休二耕一。此外还有保留荒而不耕的草地的做法，这对于维持生态平衡具有积极意义。

　　《礼记·月令》等典籍记载了一些关于水域管理的政策和法令，反映了当时人们对于保护水域的认识。《礼记·月令》上说，仲春之月，不得竭川泽、漉陂池。在秦代，水源保护已经成为法律。《秦律十八种·田律》中也有"春二月，毋敢……雍（壅）堤水"的条文。对水资源进行管理、保护的措施在汉代得到了继承。据《汉书·儿宽传》记载，左内史儿宽在管理水利设施时，曾经制定过渠水分配措施

"水令"，合理分配水源，扩大灌溉面积，这可能是中国历史上首个灌溉用水管理制度。

2023年6月2日，习近平总书记在文化传承发展座谈会上发表重要讲话，深刻指出包括"天人合一、万物并育的生态理念"在内的中华优秀传统文化中的诸多重要元素，共同塑造出中华文明突出的连续性、创新性、统一性、包容性、和平性。

"天人合一、万物并育"及其指导下的生态实践，有效地避免了生态灾难在神州大地上的发生，从根本上保证了中华文明突出的连续性。文明不是空中楼阁，需要在一定的地理区域内展开。优越的地理环境是文明发生的基本条件，优越环境的持续保持，则是文明延续的首要前提。如果生态环境遭到严重破坏，再辉煌的文明也会因为失去家园而迅速消亡。与中华文明同样为古代四大文明之一的古巴比伦文明，其消失的一大原因就是生态环境的破坏。中华文明则因为"天人合一、万物并育"指导下的仁爱精神和详密的生态保护措施，得以成为人类历史上唯一延续至今而不曾中断的古老文明。

"天人合一、万物并育"中所蕴含的效法自然、自强不息精神，有效地促进了中华文明突出创新性的形成。文明无法在守旧中获得延续，只有在不断创新中才能获得延续。"天人合一、万物并育"并不是静态的合一和并育，而是动态的生生不息，其中倡导人类取法天地，自强不息，与时俱进，日新其德，是中华民族创新精神的源头。而为了真正实现万物并育，中华民族不断探索自然规律，创新方式方法，创造出如都江堰、红旗渠这样实现人与自然和谐共生的伟大工程，为全人类的生态保护作出了巨大贡献。

"天人合一、万物并育"所蕴含的整体意识和对个体的尊重，有效地促进了中华文明突出统一性的形成。任何一个共同体的成员，都需要不仅从个体的、局部的角度考虑问题，而且善于从整体上、从大局上考虑问题，否则共同体便容易走向解体；任何一个共同体，必须同时保障其中每一个个体的正当权益，否则也会造成共同体的分裂。"天人合一"体现并促进了中华民族的整体意识，"万物并育"则包含每一个中华儿女正当权益的实现，二者一起保证了中华文明的向心力、凝聚力，保证了中华民族不断走向统一的历史大势。

"天人合一、万物并育"所蕴含的一体意识和无私精神，有效地促进了中华文明突出包容性的形成。世界上的文明非止一家，每一种文明存在和发展的正当性都应当得到肯定。"天人合一、万物并育"正是要从根本上最大限度地肯定万事万物各自存在和发展的正当性。在此基础上，"天人合一"所蕴含的一体意识使得中华文明真诚地关心所有文明形态的发生和发展，"万物并育"所蕴含的无私精神又使得中华文明真诚地主张各文明之间交往交流交融的历史取向，尤其是决定了中华文化对世界文明兼收并蓄的开放胸怀。

"天人合一、万物并育"所蕴含的深厚仁德和卓越智慧，有效地促进了中华文明突出和平性的形成。和平是世界人民的永恒期望，但如果人与人之间、国与国之间缺乏仁爱精神以及和睦共处的智慧，和平便会岌岌可危。"天人合一"使得中华文明以生生仁德为自己的根本原则，"万物并育"使得中华文明具有"平章百姓""协和万邦"的卓越智慧，从而真正能够促成"万物并育而不相害，道并行而不相悖"之"大同世界"的最终实现。

三　生态意识
中国共产党百年奋斗与环境保护

历史进入近代，追求天人合一的传统文化作出了种种努力以应对"三千年未有之大变局"。如用"格致"学容纳自然科学；在"天下观"中融入"世界"，从传统的"中国即天下"发展到"天下乃是全球"；从尚古史观转为进化史观，重新解释"公羊三世"说；直至民主革命的先行者孙中山先生以"天下为公"为号召推翻帝制，建立民国。然而，"民国"并不是人民的国家，传统文化智慧并未真正被激活，近代中国仍处于任人宰割的状态。

"十月革命一声炮响，给我们送来了马克思列宁主义。"在传统社会中可能成为士大夫的一批先进分子变为马克思主义者，建立了中国共产党。"中国共产党从成立之日起，既是中国先进文化的积极引领者和践行者，又是中华优秀传统文化的忠实传承者和弘扬者。"中国共产党用马克思主义真理的力量激活了传统智慧。共产党人把天人合一的家国情怀升华为"为中国人民谋幸福，为中华民族谋复兴"的初心和使命，把中国置于唯物史观视野下的世界历史进程中，把民为邦本理念升华为建立人民当家作主的新中国的理想，带领中国从半殖民地半封建社会一跃进入社会主义，实现了中华民族的旧邦新命。作为中华优秀传统文化的忠实传承者和弘扬者，中国共产党在领导中国人民为美好生活而奋斗的百年历史进程中，对于以天人合一为代表的中华传统生态理念从未忽视，对于可持续利用自然资源和保护生态环境的关注与探索从未间断。

中国共产党在局部执政时期，就特别致力于资源保护，成立了相应的管理机构，制定了许多政策法律。1930年10月，毛泽东在《兴国调查》中指出，当地山脉没有得到绿化、生态遭到破坏是近期水旱灾害频发的主要原因。1931年，中华苏维埃政府颁布《中华苏维埃共和国土地法》，其中要求注意培植森林、尽快建立新的灌溉工程，规定了对山水林田湖草进行合理分配和行政管理的具体办法。这一时期，还出台了《山林保护条例》，成立了山林水利局。在陕甘宁边区时期，党和边区政府更加重视对生产环境、自然资源的保护。1937年边区政府组建建设厅，下设农牧科负责农林牧事项；1940年成立林务局，负责林业生产建设；1942年，林务局并入建设厅；1949年，建设厅改为农业厅。农业厅的职责分类更为详细，在负责改良耕地、兴修水利、植树造林等农林牧工作的同时，也非常注意资源保护、生态保护工作。

新中国成立初期，我国广泛开展植树造林运动，以应对旧社会遗留下的严重水土流失和生态脆弱问题。从20世纪50年代到70年代初，在毛泽东的讲话、文章和批示中，谈到林业问题的有近百次之多。1959年6月22日，毛泽东在同河南省委负责人谈话时指出："没有林，也不成其为世界。"在江河生态治理方面，党和人民政府把治理水患摆在突出位置，大力发展水利事业。随着工业化的进展，从1960年代开始，工业生产导致的废气、废水、废渣等问题日益凸显，环境保护和污染防治受到党和政府的重视，毛泽东提出要使各类废弃物"综合利用、化废为宝"。1971年，国家计划委员会设立了"三废"利用领导小组，主要对工业"三废"开展综合利用工作。1973年8月，我国第一次全国环境保护会议召开，会议审议通过了《关于保护和改善环境的若干规定（试行草案）》，提出"全面规划、合理布局、综合利用、化害为利、依靠群众、大家动手、保护环境、造福人民"的三十二字方针，指出要从战略上看待环境问题，要求加强污染防治，拉开了中国环境保护事业的帷幕。1974年10月，国务院成立环境保护领导小组，由国家计委、工业、农业、交通、水利、卫生等有关部委人员组成，下设办公室负责处理日常工作。国务院环境保护领导小组是专门的环境保护机构，它的成立标志着我国拥有了国家一级的环境保护行政机构。1978年修订的《宪法》明确指出，"国家保护环境和自然资源，防治污染和其他公害"。总体来看，从新中国成立到改革开放前，中国共产党始终注意增产节约、植树造林、污染防治等生态环境保护工作，工业化进程中的绿色发展拉开序幕。

1978年党的十一届三中全会后，社会生产力水平快速提高，资源环境承受的压力越来越大，也越来越明显，我国推动绿色发展的力度也越来越大。改革开放之初，邓小平就强调，在发展经济的同时，应采取措施保护生态环境。1978年11月25日，党中央、国务院作出了在风沙危害和水土流失严重的西北、华北北部、东北西部建设三北防护林体系的重大战略决策，揭开了我国大规模生态建设的序幕。1983年3月，邓小平在参加义务植树时指出，"植树造林，绿化祖国，是建设社会主义，造福子孙后代的伟大事业，要坚持二十年，坚持一百年，坚持一千年，要一代一代永远干下去"[①]。为应对大气、水、固体废弃物污染等问题，国务院1983年召开第二次全国环境保护会议，将环境保护上升为基本国策。这一时期，我国不断健全生态环境保护法律体系，依靠法律制度保护生态环境。1979年国务院制定了《环境保护法（试行）》，这是我国第一部适用于环境保护的专门法律，标志着我国

---

① 《邓小平思想年谱（1975—1997）》，中央文献出版社1998年版，第250页。

生态环境保护开始正式步入法制轨道。1982年,"保护环境"被写入宪法,规定要保障自然资源的合理利用,保护珍贵的动物和植物,保护和改善生活环境和生态环境,奠定了环境保护立法的宪法基础。在此基础上,《海洋环境保护法》《水污染防治法》《大气污染防治法》等在1980年代陆续制定,环境保护的完善法律体系逐步形成。1983年第三次全国环境保护会议确立了"经济建设、城乡和环境建设要同步规划、同步实施、同步发展,做到经济效益、社会效益、环境效益相统一"的战略方针,以及"预防为主、防治结合"、"谁污染、谁治理"和"强化环境管理"的环境保护三大政策。1989年国务院颁布《环境保护法》,提出国家采取有利于环境保护的经济、技术政策和措施,使环境保护工作同经济建设和社会发展相协调,国家制定的环境保护规划必须纳入国民经济和社会发展计划。在管理体制上,1980年代以后,环境管理机构不断升级并独立设置。1982年国务院组建城乡建设环境保护部,内设环境保护局;1988年7月,国务院第二次机构改革中将环保工作从城乡建设部分离出来,成立独立的国家环境保护局(副部级),明确为国务院直属机构、国务院环境保护委员会的办事机构,履行国务院综合管理环境保护的职能。

1990年代我国社会主义市场经济得到更加充分的发展,综合国力显著增强,然而,工业迅速发展带来的环境污染、水土流失等问题却越来越严重。党中央与时俱进,及时提出实施可持续发展战略,努力开创生产发展、生活富裕、生态良好的新型工业化道路。1996年7月,第四次全国环境保护大会在北京召开,江泽民发表重要讲话,提出保护环境是实施可持续发展战略的关键,保护环境就是保护生产力等重要论断,会议确立了坚持污染防治和生态保护并重的环境保护方针。

由于长期森林乱砍滥伐造成水土流失，中下游围湖造田、乱占河道造成河床变窄，1998年长江流域发生特大洪水，造成了严重的人员伤亡和财产损失，全国人民付出巨大代价，才赢得了抗洪抢险的最终胜利。在全国抗洪抢险表彰大会上，江泽民指出，要"自觉去认识和正确把握自然规律，学会按自然规律办事"[1]，强调"经济发展，必须与人口、资源、环境统筹考虑，不仅要安排好当前的发展，还要为子孙后代着想"[2]。通过对粗放式发展方式的深刻反思，我们党深刻认识到，破坏资源环境就是破坏生产力，保护资源环境就是保护生产力，改善资源环境就是发展生产力。此后，我国大力贯彻落实可持续发展战略，在依法治国方针的指引下，制定修订了一大批资源环境法律，同时鼓励环境保护和资源综合开发利用领域的技术创新，通过转变生产方式，从源头防治环境污染和生态破坏。可以说，通过可持续发展战略的实施，中国的绿色发展进程显著加快，迅速走上新的台阶。

21世纪初，以胡锦涛同志为总书记的党中央提出科学发展观，以人为本推进绿色发展，将建设生态文明的战略正式写入党的文件。进入新世纪，我国人民生活水平和综合国力显著提高，2010年经济总量超过日本，成为仅次于美国的世界第二大经济体。但同时，我国经济发展资源消耗巨大、污染排放居高不下，经济发展和环境保护的矛盾更加突出。党的十六届三中全会提出科学发展观，要求"坚持以人为本，树立全面、协调、可持续的发展观，促进经济社会和人的全面发展"。胡锦涛指出，"严峻的环境形势迫切要求转变经济增长方式，这是解决环境与发展矛盾的治本之策。……要大力推进循环经济，建立

---

[1] 《江泽民文选》第2卷，人民出版社2006年版，第233页。
[2] 《江泽民文选》第1卷，人民出版社2006年版，第532页。

资源节约型、环境友好型社会"①。2007年,胡锦涛在党的十七大上指出,建设生态文明,基本形成节约资源和保护生态环境的产业结构、增长方式、消费模式,这是党中央首次明确提出建设生态文明,绿色发展的理念和实践得到进一步丰富。在这一时期,中央继续完善资源能源节约和保护生态环境方面的法律和政策,健全环境污染监管制度,建立生态环保价格机制和生态补偿机制,同时大力支持提高资源利用效率的新技术的发展,以节能、节水、节地、资源综合利用和发展循环经济为重点,积极转变经济发展方式,生态文明建设取得良好成效。

四　生态文明
习近平生态文明思想与天人合一

进入新时代以来,以习近平同志为主要代表的中国共产党人把马克思主义基本原理同中国具体实际相结合、同中华优秀传统文化相结合,创立了习近平新时代中国特色社会主义思想。"第二个结合"作为习近平新时代中国特色社会主义思想的鲜明特点,包含对天人合一等中华优秀传统文化基因适应时代要求的进一步升华。全面打赢脱贫攻坚战、全面建成小康社会、全面实施乡村振兴战略、全面建设社会主义现代化国家,创造性转化和创新性发展了"利民富民""制民之产"的"仁政"思想。共同富裕思想创造性转化和创新性发展了"不患寡而患不均"的社会财富分配理念,避免了两极分化,创造了经济高速发展和社会长期稳定的奇迹。社会主义核心价值观创造性转化和

---

① 《十六大以来重要文献选编》(中),中央文献出版社2006年版,第823页。

创新性发展了"仁爱诚信"等中华传统价值观。习近平生态文明思想创造性转化和创新性发展了"道法自然""参赞化育""万物一体"的生态智慧，为当今世界建设人与自然和谐共生的生态文明提供了强大理论资源。"胸怀天下""构建人类命运共同体"等创造性转化和创新性发展了"与天地万物为一体""协和万邦""为万世开太平"的"天下大同"理念，形成了"为人类谋进步，为世界谋大同"的新天下观和新天下情怀。天人合一被赋予了与时俱进的新内涵，成为推动中国式现代化，实现中华民族伟大复兴中国梦的重要精神源泉。

早在主政浙江期间，习近平同志就已经形成了以"绿色"为底色的生态文明思想。他强调，经济发展"不能以牺牲生态环境为代价"，"生态兴则文明兴，生态衰则文明衰"；他提出了"绿水青山就是金山银山"的著名论断，主张把农村丰富的生态资源转化为农民致富的绿色产业。习近平同志还为浙江谋划了新型工业化道路，即通过绿色生产方式促进工业化，促进经济转型升级和可持续发展，着力发展绿色产业、绿色制造、循环经济、清洁能源、低碳经济。

党的十八大以来，习近平总书记的生态文明思想不断发展，他站在中华民族永续发展、人类文明共同发展的高度，明确地把生态文明作为继农业文明、工业文明之后的一种崭新文明形态。习近平总书记深刻指出，走向生态文明新时代，建设美丽中国，是实现中华民族伟大复兴的中国梦的重要内容。在创立习近平生态文明思想的过程中，习近平总书记反复提及"天人合一"这一重要观念。2014年5月，习近平主席在中国国际友好大会暨中国人民对外友好协会成立60周年纪念活动上的讲话中指出："中华文化崇尚和谐，中国'和'文化源远流长，蕴涵着天人合一的宇宙观、协和万邦的国际观、和而不同的社会观、人心和善的道德观。"2015年11月，习近平主席在气候变化巴黎大会开幕式上的讲话中指出："'万物各得其和以生，各得其养以成。'中华文明历来强调天人合一、尊重自然。"2018年5月，习近平总书记在出席全国生态环境保护大会时指出："中华民族向来尊重自然、热爱自然，绵延5000多年的中华文明孕育着丰富的生态文化。"2021年4月，习近平主席在领导人气候峰会上的讲话中指出："中华文明历来崇尚天人合一、道法自然，追求人与自然和谐共生。"2022年10月，"天人合一"作为中华文明宇宙观、天下观、社会观、道德观的重要内容，被写进党的二十大报告之中。习近平总书记对天人合一的重视可谓一以贯之。正是在把马克思主义生态思想同中华文明天人合一理念相结合的基础上，习近平总书记领导创立了习近平生态文明思想。

习近平生态文明思想坚持生态兴则文明兴，提出了与生态高度关联的新文明观。历史上有许多文明古国，都因为生态遭受破坏而导致文明衰落，中华文明则因为天人合一观念的影响而绵延至今，成为唯一一个不曾中断和湮灭的文明。"天育物有时，地生财有限，而人之欲无极。"人类对大自然的伤害最终会伤及人类自身，造成文明的灾难，这是无法抗拒的规律。人类只有遵循自然规律才能有效防止在开发利用自然上走弯路，实现文明的永续发展。"生态兴则文明兴，生态衰则文明衰"这一重要论断，把生态保护的重要性提升到了关系国家和民族命运的高度，继承了天人合一的基本精神，深刻揭示了生态保护与文明发展的内在关系。

习近平生态文明思想坚持人与自然和谐共生，指明了人与自然相处的新维度。习近平总书记曾引用《管子》中的"圣人之处国者，必于不倾之地，而择地形之肥饶者"，指出"我们现在一些人与自然和谐、风景如画的美丽城市就是在这样的理念指导下逐步建成的"。在城市规划中，要考虑如何通过统筹生产、生活和生态三个方面来提高城市的宜居性。习近平总书记指出："'取之有度，用之有节'，是生态文明的真谛。"人类对自然的"取之"是不可避免的，但自然资源在一定时期内是有限的，只有有限度地索取、有节制地使用，才能确保取之不尽、用之不竭。习近平生态文明思想汲取中华传统文化天人合一中"取之有度、用之有节"的生态智慧，强调必须统筹好眼前和长远、处理好满足人类自身需要与保护环境之间的辩证关系，绝不能为了实现经济发展无节制地开发利用自然资源。

习近平生态文明思想坚持绿水青山就是金山银山，提出了保护环境就是保护生产力的新经济发展观。我们既要绿水青山，也要金山银山。宁要绿水青山，不要金山银山，而且绿水青山就是金山银山。绿水青山和金山银山绝不是对立的，让绿水青山充分发挥经济社会效益，关键是要树立正确的发展思路。要因地制宜选择好发展产业，让良好环境成为人民生活质量的增长点，让绿水青山变为金山银山。习近平总书记特别指出："搞新农村建设要注意生态环境保护"，青山绿水、碧海蓝天"是一笔既买不来也借不到的宝贵财富"。社会主义新农村建设，要留得住乡情美景，将自然美景融入现代生活，"要慎砍树、禁挖山、不填湖、少拆房"①。这无疑是对天人合一理念影响下中国传统美学观的继承和发展。

习近平生态文明思想坚持良好生态环境是最普惠的民生福祉，树立了环境就是民生，人民群众对美好生活的需求就是我们的奋斗目标

---

① 《习近平关于"三农"工作论述摘编》，中央文献出版社2019年版，第105页。

的新民生政绩观。建设生态文明，关系人民福祉，关乎民族未来。良好的生态环境是最公平的公共产品，是最普惠的民生福祉。小康全面不全面，生态环境是关键。改革开放以来，我国环境污染的原因，除了群众环保意识淡薄、绿色生活习惯尚未形成之外，根本上还是因为重经济发展轻环境保护、重开发资源轻科学统筹规划所致。我们应把环境问题上升到民生的高度去认识、去重视、去治理。这无疑是对天人合一中以人为本精神的继承和发展。

习近平生态文明思想坚持人与自然是生命共同体，提出了新生态系统观。习近平总书记曾深刻指出："山水林田湖是一个生命共同体，人的命脉在田，田的命脉在水，水的命脉在山，山的命脉在土，土的命脉在树。"① 如果破坏了山水林田湖草，土地就变成了没有养分的不毛之地，人类怎么能正常生存下去呢？金木水火土，太极生两仪，两仪生四象，四象生八卦，循环不已。从系统观点来看，自然是一个统一的生命整体，是各种自然要素相互依存、不断循环的有机链条。基于此，习近平主席在亚太经合组织工商领导人峰会上指出，"中国式现代化必须走人与自然和谐共生的新路。这是对我们自己负责，也是对世界负责。"这无疑是我们党汲取中华传统文化天人合一、尊重自然的智慧，总结现代化历史经验与教训所得出的重要结论。

习近平生态文明思想坚持用最严格制度、最严密法治保护生态环境。习近平总书记指出，推动绿色发展，建设生态文明，重在建章立制，用最严格的制度、最严密的法治保护生态环境，只有实行最严格的制度、最严密的法治，才能为生态文明建设提供可靠保障。党的十

---

① 中共中央宣传部：《习近平总书记系列重要讲话读本（2016年版）》，学习出版社、人民出版社2016年版，第236页。

八大以来，在习近平生态文明思想指导下，我国生态文明建设的顶层设计和制度体系建设加快推进，生态环境损害赔偿制度、河湖长制、排污许可制和禁止洋垃圾入境制度等一系列法规和制度不断建立健全。2015年11月，新修订的《环境保护法》开始实施，此外，《大气污染防治法》《环境影响评价法》《核安全法》《环境监测管理办法》等100多部法律法规也相继修订完成、逐步落实。这可以看作是对中国古代天人合一影响下的虞衡制度和以《礼记·月令》为代表的环境保护法令的继承和发展。

习近平生态文明思想坚持建设美丽中国全民行动。建设美丽中国，需要全民参与，需要全民行动。只有所有人付出行动，形成合力，美丽中国梦想才能成真。2018年，中共中央、国务院出台《公民生态环境行为规范（试行）》，明确了"共建美丽中国"的要求，提倡每个人坚持简约适度、绿色低碳的生活与工作方式，自觉做生态环境保护的倡导者、行动者、示范者。从制度层面来讲，要加强宣传教育，把生态文明的种子"种"在百姓心中；要创新环境保护尽责形式，让人民群众更好更方便地参与国土绿化，共享生态文明建设成果。让生态环境的美丽自然呈现，让美丽中国成为现实，这既是中国人的时代梦想，也是中国人的历史使命。

习近平生态文明思想坚持共谋全球生态文明建设。在中国的积极参与和推动下，世界各国于2015年就应对气候变化问题达成了历史性的《巴黎协定》。2020年9月，习近平在第七十五届联合国大会一般性辩论上表示，中国的二氧化碳排放力争于2030年前达到峰值，努力争取2060年前实现碳中和。2021年10月在昆明召开的《生物多样性公约》第十五次缔约方大会上，习近平发表了主旨演讲，进一步提出要以生态文明建设为引领，协调人与自然关系；以绿色转型为驱动，助力全球可持续发展。中国领导人的发言，特别是蕴含着天人合一智慧的生态文明思想，在与会者中引起巨大反响。

总体来看，中华优秀传统文化中的天人合一理念及其历史实践，是习近平生态文明思想的重要来源之一，习近平生态文明思想是中华优秀传统文化的创造性转化、创新性发展的典范之作，对于人类文明新形态的确立，具有不可估量的伟大意义。

五 第二个结合
新时代新征程中的天人合一

"天人合一"虽然只有四个字，却代表了中国人最为基本的思维方式，塑造了中华民族最为鲜明的文明特质，保证了中华文明数千年的绵延不绝，在中国共产党领导全体中国人民创造美好生活的历程中发挥了重要作用，在新时代则融入习近平生态文明思想之中，成为美丽中国建设、人类命运共同体建设的强大思想资源之一。当前，我国已全面建成小康社会，实现第一个百年奋斗目标，中国共产党团结带领全国各族人民，意气风发地踏上了全面建成社会主义现代化强国、实现第二个百年奋斗目标，以中国式现代化全面推进中华民族伟大复兴的新征程。党的二十大报告对新时代新征程深入贯彻落实习近平生态文明思想、走绿色发展之路、以中国式现代化建设人与自然和谐共生的美丽中国作出了战略谋划和部署。作为生态文明之先河、可持续发展之先驱的天人合一理念，依然是我们深入理解、准确贯彻习近平生态文明思想的重要参照。弘扬中华优秀传统文化，深度挖掘并汲取华夏先民天人合一的生态智慧，将有助于我们将党的二十大关于生态文明建设和生态环境保护的决策部署落实到位，不断推动绿色发展，促进人与自然和谐共生。正如习近平总书记所指出的，"我们应该遵循天人合一、道法自然的理念，寻求永续发展之路"。新时代新征程上，我们要坚持以习近平生态文明思想为指导，进一步汲取中华优秀传统文化中天人合一宇宙观的智慧，促进马克思主义基本原理同中华优秀传统文化进一步结合，推动建设人与自然和谐共生的现代化。

第七章

自强不息

任俊华 胡丹丹

关乎人文以化成天下，中华民族伟大复兴中国梦是经济腾飞之梦，也是文化复兴之梦。2023年10月7日至8日，全国宣传思想文化工作会议在北京召开，首次提出了习近平文化思想，为中国特色社会主义文化建设的伟大实践举旗定向。习近平文化思想是新时代党领导文化建设的理论总结，其中有深邃的观点、正确的立场、管用的方法值得我们持续加强宣传阐释。源远流长的五千多年中华文明生成了习近平文化思想的历史底蕴，为中华儿女奋起新时代、砥砺新征程提供丰厚的智慧源泉和人文滋养。党的二十大报告提出十个中华优秀传统文化的经典理念，自强不息就是其中之一。自强不息精神熔铸到为中国人民谋幸福，为中华民族谋复兴的伟大斗争、伟大工程、伟大事业、伟大梦想之中，积淀为深厚的文化软实力，并在实践中转化为实干为先、科技创新、经济发展的物质硬实力，为中华文明引领时代、中国制造腾飞世界、中国科技引领全球的复兴伟业提供不竭的精神动力和智力支持。

一 中华优秀传统文化的健行气象
"天行健，君子以自强不息"

全国宣传思想文化工作会议上传达了习近平总书记对宣传思想文化工作的重要指示。他从世界百年未有之大变局加速推进，中华民族伟大复兴进入关键时期的时代背景出发，提出宣传思想文化工作以"七个着力"应对新形势、展现新作为，其中一个是"着力赓续中华文脉、推动中华优秀传统文化创造性转化和创新性发展"。自强不息是中华儿女在长期生产生活中积累的宇宙观、天下观、社会观、道德观的重要体现，铭刻在中华优秀传统文化承古贯今的思想基因之中，同科学社会主义价值观主张具有高度契合性。习近平总书记指出："'天行健，君子以自强不息'，一个民族之所以伟大，根本就在于在任何困难和风险面前都从来不放弃、不退缩、不止步，百折不挠为自己的前途命运而奋斗。"

（一）易学"自强不息"精神

"自强不息"出自中华文化群经之母《周易》解释乾卦的象辞："天行健，君子以自强不息。"[1] 这里的"天"指大自然，从自然主体的角度看，大自然是一个自我生成、自我循环、自我调控的和谐生态系统，在人类出现以前，地球生态系统就已经运行很久了。大自然是中华优秀传统文化的清新底色，天人合一的文化标识，从易学对乾卦的阐释中彰显出来。天行健，大自然的时节运动周循不已，云行雨施，孕生万物，《周易·象传》曰："大哉乾元！万物资始，乃统天。云行雨施，品物流行。"[2] 大自然悄无声息，四时偕行，孕育百物生成。孔子在《论语》中赞叹大自然的天时运动"天何言哉！四时行焉，百物生焉，天何言哉"[3]，与易学有异曲同工之妙。大自然生生不息的运行规律和自强不息的人文道德相结合，生成易学"天人合德"的创作原则——"夫'大人'者，与天地合其德，与日月合其明，与四时合其

---

[1] 黄寿祺等：《周易译注》，上海古籍出版社2007年版，第5页。
[2] 黄寿祺等：《周易译注》，上海古籍出版社2007年版，第4页。
[3] 杨伯峻：《论语译注》，古籍出版社1958年版，第106页。

序，与鬼神合其吉凶"①。乾卦从充沛于宇宙间、开创万物的阳气中提炼出刚健的、主导的、开创的自然嘉德，以此建构君子德性伦理的理论根据。

"君子以自强不息。"学习创业路上，君子致力于提升自我修养，开辟人生新境界。有德君子效法天道之健行，充分发挥人的主观能动性，"苟日新，日日新，又日新"，在漫长的人生奋斗征程中不论身处逆境还是顺境，自强不息攻坚克难，无惧风雨勇往直前，积极开拓思想新境界、创造人生新业态。乾卦有六爻，以乾卦六爻论事业萌芽、发展、壮大的不同时期，不论居于学习蛰伏期（初九："潜龙勿用"），还是到达事业高光期（九五："飞龙在天，利见大人"），都要脚踏实地进德修业（九三："君子终日乾乾，夕惕若厉，无咎"），不高傲自满（上九："亢龙，有悔"）；事业处于蒸蒸日上的时候，更要早晚勤奋谨慎，不能有丝毫懈怠。

（二）"自强不息"车轮喻

自强不息贯穿在中华儿女创造历史、引领历史的漫漫征程，为新时代文化创新提供思想方法。全国宣传思想文化工作会议指出："习近平文化思想既有文化理论观点上的创新和突破，又有文化工作布局上的部署要求，明体达用，体用贯通，明确了新时代文化建设的路线图和任务书。"在文化理论观点上，习近平总书记在庆祝中国共产党成立100周年大会上的重要讲话中提出"两个相结合"的重大理论观点，即"把马克思主义基本原理同中国具体实际相结合、同中华优秀传统文化相结合"，为充分激发全民族文化创新创造活力、不断

---

① 黄寿祺等：《周易译注》，上海古籍出版社2007年版，第14页。

提升国家文化软实力和中华文化影响力指明方向。

刚健有为、奋进不止的自强不息精神创造了辉煌的中华五千多年优秀传统文化。我们选择车轮刚健的、奋勇前进的物象，通过车轮的各个构造来解读自强不息的思想内涵——车轮有轴心、轮辐、轮辋等关键构造，用车轮的轴心比喻中华文化自强不息的精神内核，车轮的轮辐比喻自强不息的历史内涵，车轮的轮辋比喻中华文明自强不息创造的实用知识，万千车轮汇聚的站台比喻新时代马克思主义基本原理同中华优秀传统文化相结合的文化交流融合盛景。同时汲取清代乾隆年间编撰的大型丛书《钦定四库全书》目录经、史、子、集的分类智慧，管窥中华儿女自强不息创造的五千多年历史文化概况。

1. 经部：车轮永恒不变的"轴心"

中华优秀传统文化创造性地构造德性伦理，是中华文化创造力、价值力、向心力的核心部分，把车轮比喻勇毅前行的中华文化，德性伦理象征着车轮构造中的轴心部分，在车轮的诸多部件中，轴心如如不动，不会因为车轮的转动而转动，故以此象征德文化的核心地位。

德性伦理是中华文化自强不息、自信自强的深厚根基。《钦定四库全书》经、史、子、集四部目录中，集中诠释德性伦理的书籍归于经部，收录了儒学"十三经"。"经"者，原意是织物上纵向的纱或线，引申出历久不变的恒久之义，德性伦理指向人心，决定了人行为处事的价值取向，具有超越时间和历史的理论维度。中华德性伦理思想由孔子开创，包含着中华民族以仁、义、礼、智、信"五常"为代表的美好德性。成功的事物和合"五常"之德，如果行事的目标不仁、不义、无礼、无智、无信，即使达到了目的，也不符合自强不息之天道。天地生生万物，君子效法天道之刚健，其行动中包含智、仁、勇三达德。德性伦理立足于个体的修身实践，可谓"致广大而尽精微"，德性伦理的启用广大无际，由修身推广至齐家、治国、平天下，而精微之处又反观自身，关注格物、致知、诚意、正心的修心动念。

孙中山先生可谓是自强不息精神矢志不渝的践行者，以"知之维艰，行之非艰"的行动魄力、天下为公的爱国热忱与自觉接受实践检验的反思精神，提出民主、民生、民权的三民主义思想，作为近代民族民主主义革命的开拓者，推翻封建帝制，建立了中华民国。

2. 史部：车轮支撑整体的"轮辐"

中华文化有着悠久的记史传统，历史文化在《钦定四库全书》目录中归类于史部书籍，象征自强不息车轮的辐条。车轮的诸多部件构造中，轮辐支撑起车轮的大小尺度，衔接着车轴与轮辋，代表车轮的张力。中华历史典籍灿若星辰，是支撑起中华文化的基础载体。历史衔接着过去与未来，如同轮辐发挥的衔接作用。

尊重历史、敬畏先人是中华民族特有的文化心态，古人将撰写史书看作一项神圣的事业，甚至需要传承几代人完成一部历史巨著。浩瀚的中华文化书籍宝库中，以二十四史为代表的史家绝唱千古，涵盖中国古代政治、经济、军事、思想、文化、天文、地理各方面内容，余音荡气回肠。中华文化贯穿着上下五千年的时间维度，过去、现在、未来在历史的连续演进中凝成一股绵延不绝的长绳，为中华民族面向未来、创造历史提供源源不断的智慧和力量。

学生时代的毛泽东酷爱读书，"从早至晚，读书不休"，"颇有奋发踔励之概"。在毛泽东同志的藏书中，史书占了很大比重，其中最引人注目的一套书是清乾隆武英殿版的线装本二十四史。这部历史巨著共有850册，3700多万字，记载了我国从黄帝时代到明朝崇祯十七年长达四千多年的历史。从头到尾粗粗读一遍，也需要很大精力。毛泽东同志不仅通读了这套书，而且对其中的很多章节反复多遍阅读，并画圈作了大量的批注、评语。毛泽东同志将他对历史情节、历史人物的点滴思考留痕在评语之中，其思维之敏捷，对问题之捕捉，令人叹服！1996年5月，《毛泽东评点二十四史》精装本由中国档案出版社出版。1997年10月底，江泽民同志访问美国，在哈佛大学演讲，将《毛泽东评点二十四史》作为礼物予以馈赠。

3. 子部：车轮贴近大地的"轮辋"

车轮的构造体系中，轮辋是车轮与大地直接接触的部件，在中华文化中象征接近百姓人伦日用的组成部分，其应用性、操作性、实效性最强。中华文化源于日用民生，政工农医百家思想提倡经世致用，积累人们生产劳作的经验，是古人追求真善美生活的生动展开。在《钦定四库全书》经、史、子、集四部目录中，诸子百家、政工农医、草木虫鱼归类于子部书籍，是中华文化之车轮自信前进的轮辋。古代的生活应用技术门类包含儒道兵法的治国之道，如农业生产技术类、天文算法类、医家类、术数类、谱录类等。

中国古代劳动人民面对大自然条件的考验，通过研究自然规律，顺应自然规律，创造了无数中国工程史上的伟大奇迹。以吐鲁番坎儿井为例，吐鲁番自古有"火洲""风库"之称，植被稀少，气候极其干旱。有水源才会有植被，有植被才会有绿洲，有绿洲才有人类生存的印记。吐鲁番劳动人民把天山雪水融化后渗入吐鲁番盆地的坎儿井引流出来，巧妙开发利用地下水，用于生活用水和农业灌溉。坎儿井堪称世界上最大的地下水利灌溉系统，被誉为地下"万里长城"，在水资源稀缺的大西北，坎儿井创造了沙漠变绿洲奇迹的伟大工程。可以说，是坎儿井工程孕育了吐鲁番古老的绿洲文明。

4. 集部：车轮天工如画的"车辙"

中华文明灿若星辰的诗歌、小说、曲词等文学艺术作品，在《钦定四库全书》经、史、子、集四部中归类于集部书籍，是中华文化自信前行的车轮印刻出的美丽车辙。心灵的印记，如同一道道车辙，在前行的道路上画出了深深浅浅的轨迹，它们源于生活，又高于生活，书写中华大地上的慷慨大义、喜怒哀乐、人间百态。作者通过或现实或浪漫的艺术手法，诉说着深邃而厚重的情感。心灵的轨迹，抒之以情，落之以文，吟唱间，缓缓舒展出人生的漫漫诗卷。

《钦定四库全书》集部以《楚辞》开篇，首倡爱国主义精神。《楚辞》是中国文学史上第一部浪漫主义诗歌总集，相传是屈原创作。面对社会黑暗腐败，屈原满怀愤慨和不满，自述身世、遭遇、心志，歌颂坚持真理、不愿同流合污的斗争精神。"长太息以掩涕兮，哀民生之多艰"，屈原被流放后，三年不能和楚王相见，虽竭尽智慧效忠国家，却被谗言谤语把他同君王阻隔。通过追求理想和失败后欲以身殉国的陈述，反映出诗人热爱祖国的炙热情怀。《楚辞》作为中国最早的浪漫主义诗歌总集，与《诗经》成为并峙的文学双峰，在两千多年的文学发展进程中，为后人提供源源不断的精神慰藉与艺术滋养。

5. 马克思主义与中华优秀传统文化相结合：荟萃百家的"站台"

站台广通四方，荟萃五湖四海的车流。中华文化的创造性转化和创新性发展坚持百花齐放、百家争鸣，积极吸收世界文明的先进理论成果，开创了中华文化开放包容、求真务实、与时俱进的新气象。以爱国主义为核心的民族精神和以改革创新为核心的时代精神，推动中华文化的历史巨轮滚滚向前。

自强不息精神引领中华儿女创造了中华文明的辉煌古代史，也必将引领中华文明在新时代激发出新的生命活力，革故鼎新、日新又新。党的二十大报告指出："坚持和发展马克思主义，必须同中华优秀传统文化相结合。只有植根本国、本民族历史文化沃土，马克思主义真理之树才能根深叶茂。"[1] 马克思主义传入中国以来，马克思主义基本原理同中国具体实际相结合、同中华优秀传统文化相结合，中国共产党人引领中华先进文化的前进方向，站在更高远的人类文明发展视角，更宽阔的全球交往舞台，更深邃的历史经验维度，坚持问题导向，为中国人民谋幸福的同时，也为世界人民谋进步，为实现中华民族伟大复兴的中国梦注入源源不断的思想创新力量。

二 "君子"主体视角的立身学问
功崇惟志、业广惟勤的龙德哲学

君子崇德，德性伦理构成了中华优秀传统文化永恒的思想主轴与核心。《周易》乾卦道出了君子德性伦理中的首要之德——"天行健，君子以自强不息"。在中国古代，君子是大人的代表，按照《周易·文言》，所谓大人，既要把握天地运转的规律——大人要"与日月合其明，与四时合其序，与鬼神合其吉凶"，又要"与天地合其德"，[2] 天地之大德曰生，天地万物生生不息，人民生活蒸蒸日上，是

---

[1] 习近平：《高举中国特色社会主义伟大旗帜 为全面建设社会主义现代化国家而团结奋斗——在中国共产党第二十次全国代表大会上的报告》，人民出版社2022年版，第18页。

[2] 张善文注译《周易》，花城出版社2001年版，第3页。

大人、君子不可推卸的责任。于是，在中国文化中，大人的形象跃然纸上。大人是把握了宇宙价值理想和宇宙规律的人，整部《周易》，整个儒家文化，都在要求我们立志成为大人。《周易·乾卦》以"龙"象，潜龙、见龙、乾龙、跃龙、飞龙等，就是要求人要立志成龙。成龙是中国人的基本追求。"学而优则仕"，立志求学，成为大人，为国排忧，为民服务，是古代读书人的最高理想。

（一）君子立远志、惟勤奋

"天行健，君子以自强不息。"要成为大人、君子，非得下一番苦功夫不可！龙象至刚，"狭路相逢勇者胜"，君子终日乾乾，时时刻刻保持勤奋努力的态度和行为，是实现人生理想的必要条件。"幸福都是奋斗出来的"，夸父逐日、精卫填海、愚公移山、大禹治水等故事，激励着一代又一代中国人，为了幸福生活自强不息，努力奋斗！100多年来，中国共产党带领中国人民，以自强不息的奋斗精神，迎来了从站起来、富起来到强起来的历史飞跃。

《周易》文化中最有生命力的莫过于龙德哲学，龙德哲学将人的志向和勤奋辩证统一起来了。《周易》的基本法则是：人道效法天道。依照这个法则，宇宙万物健行不息，处于永恒的变化发展状态，君子应当效法天道运转的状态，与时偕行，自强不息。在《周易》文化中，"龙"代表了宇宙万物处于健行不息的状态，君子成龙，也即君子做任何事，都要积极进取，努力向前。恩格斯在《路德维希·费尔巴哈和古典哲学的终结》中指出："任何事情的发生都不是没有自觉的意图，没有预期目的的。"[1] 终日乾乾，自强不息，成为君子，成为大人，

---

[1] 《马克思恩格斯选集》第4卷，人民出版社2012年版，第253页。

成为飞龙，终极目的是要"与天地合其德"，与天地合其生生之德，让天地万物生生不息，让人民生活变得更美好。

在《尚书·周书·周官》中，《周易》的龙德哲学有更简洁的表达——"功崇惟志，业广惟勤"①。这句话是周成王对官员们讲的话，告诫他们要勤于政务，善待百姓，认真对待自己的职责。"惟"的意思是"在于"，"功崇"即崇高的功绩，"业广"即伟大的事业，二者互文，崇高的功绩只在于远大的志向，伟大的事业只在于勤奋的工作。"惟志""惟勤"统一于"德"之中。不管是国家要实现振兴，还是个人要成就事业，都必须具备两个条件，一为立志，二为勤勉。立志是前提，勤勉为保障，无志不足以行远，无勤难以成事。习近平总书记在不同场合，多次引用这句含义隽永的古语，正表明立志与实干相辅相成的关系。②

继承千百年来自强不息之民族精神，以奋斗志向坚定理想信念。习近平总书记多次寄语新时代的奋斗者要立"鸿鹄之志"，坚定理想信念，志存高远方能有源源不断的前行动力。古来有之的自强不息的民族精神是我们新征程上奋斗者们独立于世间而不惧，面对艰险而勇毅前行的理想信念之基，使我们以愈加强大的历史自信立大志、明大德、成大才、担大任。

（二）自强不息，以文化自信为民族复兴护驾起航

坚持千百年来自强不息之民族精神，以文化自信为民族复兴护驾起航。党的十九大报告指出："文化是一个国家、一个民族的灵魂。

---

① 黄怀信：《尚书注训》，齐鲁书社2002年版，第353页。
② 参见人民日报评论部《习近平用典》，人民日报出版社2015年版，第105页。

文化兴国运兴,文化强民族强。没有高度的文化自信,没有文化的繁荣兴盛,就没有中华民族伟大复兴。"①中华民族的发展道路、发展理念,根植于马克思主义基本理论和五千多年中华优秀传统文化的深厚积淀。历史的车轮滚滚向前,古圣先哲为我们留下了丰厚的思想遗产,今人站在前人的肩膀上,更要自强不息、艰苦奋斗,将马克思主义基本原理同中国具体实际相结合,同中华优秀传统文化相结合,开启中华民族伟大复兴的新征程,创造中华文明的时代新辉煌。

马克思主义基本原理和中华优秀传统文化都蕴含着自强不息的世界观和方法论。马克思在《费尔巴哈的提纲》中写道:"哲学家们只是用不同的方式解释世界,问题在于改变世界。"②马克思主义基本原理的实践导向为中华民族在革命、建设、改革年代指引方向,成为中国共产党人的指导思想,深刻改变了中国的发展面貌和中华儿女的生活面貌,带领中华民族从此站起来、富起来、强起来。因此,马克思主义基本原理是认识世界的学问,更是改变世界的学问,两者有机统一。自强不息蕴含着中华优秀传统文化认识世界和改变世界的智慧,"天行健,君子以自强不息"。天行健,是易学的自然观。大自然作为整体的气象生态系统,形成了自主、自为的运行机制,万物有生有灭,自然之刚健运行无有停止,遵循其四季变化、云行雨施的自然规律,生生不息地展开。君子效法大自然的刚健之姿,关注于自我修身成长,致力于成为大人、贤人,为修身齐家治国平天下的事业自强不息,奋斗终身。在认识世界和改造世界方面,中华优秀传统文化的知

---

① 习近平:《决胜全面建成小康社会 夺取新时代中国特色社会主义伟大胜利——在中国共产党第十九次全国代表大会上的报告》,人民出版社2017年版,第40—41页。

② 马克思、恩格斯:《费尔巴哈》,人民出版社1988年版,第86页。

行合一观有着精微的理论探索，王阳明先生说道："知之真切笃实处即是行，行之明觉精察处即是知。"①停留在认识层面而没有进入实践，说明知道得还不够彻底，不够真切，只有用实践去检验认识的理论，"知"得才能透彻。通过实践中遇到的问题，认识更深一层、更进一步了，实践具有不断修正认识的功效，引导认识更加实事求是、趋近真理。

"雄关漫道真如铁，而今迈步从头越"，中国自近代以来历经坎坷，但正是因革命者们的奋斗，令我们中华民族历经沧桑而不衰，备经磨难而更强。自强不息之精神烙刻在每位中华儿女的心间，融入在每位炎黄子孙的血脉之中，蕴藏在其中的价值认同和文化自觉令新征程中不断进步的前行者更加坚定文化自信，以昂扬的奋斗姿态、不竭的精神动力为实现中华民族伟大复兴的"中国梦"奉献力量。

发扬千百年来自强不息之民族精神，以共产主义为目标而奋斗终身。"玉经磨琢多成器，剑拔沉埋便倚天"，历经磨难的中国发展至今，与世界一同面临着百年未有之大变局。习近平总书记强调："我们党立志于中华民族千秋伟业，致力于人类和平与发展崇高事业，责任无比重大，使命无上光荣。全党同志务必不忘初心、牢记使命，务必谦虚谨慎、艰苦奋斗，务必敢于斗争、善于斗争"②。世界之问、时代之问需要中国人民以奋斗不息的精神探索答案，全人类的彻底解放需要中华民族以生生不息的内在力量继续攻坚克难。

---

① 刘宗贤：《陆王心理学研究》，山东人民出版社1997年版，第83页。

② 习近平：《高举中国特色社会主义伟大旗帜　为全面建设社会主义现代化国家而团结奋斗——在中国共产党第二十次全国代表大会上的报告》，人民出版社2022年版，第1页。

三 红色根脉的奋斗基因

自强不息铸造中国共产党人精神谱系

"起来,不愿做奴隶的人们",当国歌回荡耳畔,我们想起了那个国土沦丧、腥风血雨、中华民族历经苦难的年代。即使中华儿女勤劳本分,从不霸占别国领土,从不干涉他国主权,蕴藏着深刻的和平基因的古老中国,却经历了鸦片战争、八国联军侵华等帝国主义入侵的屈辱历史!中华文明不被践踏,要自强不息!中华民族要强大复兴,要自强不息!"自立自强""自强不息""敢于斗争、善于斗争"写入了党的二十大报告中,砥砺中华儿女坚定自信、守正创新,踔厉奋发、勇毅前行。无数革命先辈用他们的青春和生命为我们书写了自强不息的历史华章,铸就了中国共产党人精神谱系的奋斗基因。

1981年,党的十一届六中全会通过的伟大的历史文献《关于建国以来党的若干历史问题的决议》,第一次提出"毛泽东思想活的灵魂"的概念,即贯穿于毛泽东思想的三个基本方面:实事求是、群众路线、独立自主。我们把"自强不息"精神融入到毛泽东思想活的灵魂中,诠释中国优秀共产党人传承和弘扬中华优秀文化,并将之运用到鲜活历史实践中的伟大智慧。

(一)自强不息与实事求是

党的二十大报告指出:"全面建设社会主义现代化国家,是一项伟大而艰巨的事业,前途光明,任重道远。"[1]自强不息的展开在"不

---

[1] 习近平:《高举中国特色社会主义伟大旗帜 为全面建设社会主义现代化国家而团结奋斗——在中国共产党第二十次全国代表大会上的报告》,人民出版社2022年版,第26页。

息",坚持不懈追求真理,去伪存真、实事求是,深入调研掌握实际情况,破解转型发展道路上的各种难题。

青年毛泽东从湖南农民运动时期开始,就到田间地头走街串巷搞调研,在对湖南农村进行深入走访、座谈调研之后,撰写了《湖南农民运动考察报告》,全文在中共湖南区委机关刊物《战士》周报连续转载。报告说道:"农民的主要攻击目标是土豪劣绅,不法地主,旁及各种宗法的思想和制度,城里的贪官污吏,乡村的恶劣习惯。这个攻击的形势,简直是急风暴雨,顺之者存,违之者灭。其结果,把几千年封建地主的特权,打得个落花流水。""孙中山先生致力国民革命凡四十年,所要做而没有做到的事,农民在几个月内做到了。这是四十年乃至几千年未曾成就过的奇勋。这是好得很。""国民革命需要一个大的农村变动。辛亥革命没有这个变动,所以失败了。现在有了这个变动,乃是革命完成的重要因素。"[①] 报告深刻揭示了农民运动在中国革命走向胜利进程中的重要作用。

(二)自强不息与群众路线

群众路线是毛泽东思想活的灵魂的一个基本方面,提出为人民服务是党的宗旨,人民群众是真正的英雄。党的二十大报告指出:"必须坚持人民至上。人民性是马克思主义的本质属性,党的理论是来自人民、为了人民、造福人民的理论,人民的创造性实践是理论创新的不竭源泉。"[②] 新时代的理论创新之树扎根在人民群众的鲜活实践土壤

[①] 中共中央文献研究室编《毛泽东年谱1893—1949》上卷,中央文献出版社1993年版,第184页。

[②] 习近平:《高举中国特色社会主义伟大旗帜 为全面建设社会主义现代化国家而团结奋斗——在中国共产党第二十次全国代表大会上的报告》,人民出版社2022年版,第19页。

中，沐浴时代文明进步潮流的阳光雨露，方能茁壮成长，开花结果。我们坚信人民群众的眼睛是雪亮的，高手在民间，所以要走街串巷与人民群众打成一片，集群智，聚民力，众志成城为祖国的繁荣强大出谋划策、布绘蓝图。

自强不息的目标在"强"，落后就要挨打，强大自我、壮大本国力量，中华民族才能昂首屹立于世界民族之林。党的二十大报告指出："新时代的伟大成就是党和人民一道拼出来、干出来、奋斗出来的！"[1] 今天我们要实现中华民族伟大复兴，靠少数人的力量是有限的，必须团结全体人民，团结一切可以团结的力量，众志成城汇聚磅礴伟力。

（三）自强不息与独立自主

党的二十大报告指出："马克思主义的中国篇章是中国共产党人依靠自身力量实践出来的，贯穿其中的一个基本点就是中国的问题必须从中国基本国情出发，由中国人自己来解答"，"我们深入推进全面从严治党，坚持打铁必须自身硬，从制定和落实中央八项规定开局破题"。[2] 群经之首《周易》乾卦将一个民族兴衰成败的规律凝结成四个字——自强不息。历史和现实告诉我们，没有一个国家、一个政党、一个团体不是依靠自身强大的实力走向成功的。打铁必须自身硬，自身力量强大起来，才能抵挡外在的重重风险和考验。自强不息的中华

---

[1] 习近平：《高举中国特色社会主义伟大旗帜　为全面建设社会主义现代化国家而团结奋斗——在中国共产党第二十次全国代表大会上的报告》，人民出版社2022年版，第15页。

[2] 习近平：《高举中国特色社会主义伟大旗帜　为全面建设社会主义现代化国家而团结奋斗——在中国共产党第二十次全国代表大会上的报告》，人民出版社2022年版，第13页。

民族从来不怕困难，敢于与困难作斗争，善于在艰险中砥砺意志，愈挫愈勇，在苦难中成就辉煌。

自强不息的立足点在"自"，可以引申到我方的、本地的、本民族的、本国家的，与"彼"相对。《孙子兵法》云"知己知彼者，百战不殆"，说的就是彼我两个方面。独立自主是毛泽东思想活的灵魂，贯穿在毛泽东同志领导中国革命、战争、建国、外交、发展思想的始终。1936年，毛泽东同志撰写了《中国革命战争的战略问题》一书，指出："无论处于怎样复杂、严重、惨苦的环境，军事指导者首先需要的是独立自主地组织和使用自己的力量。被敌逼迫到被动地位的事是常有的，重要的是要迅速地恢复主动地位。"[1]中国共产党成立初期，力量尚为薄弱，需要以巨大的勇气面对艰苦的创业条件，从无到有，摸着石头过河，从农村到城市，一步一个脚印去打开自身的事业，共产党人在这一时期形成了"独立自主"的经验反思。自强不息的共产党人开拓进取，迎难而上，这种精神力量转化为共产党人忠贞不渝的革命信仰，穷困、饥饿、压迫甚至死亡，都难以动摇共产党人为了追求革命胜利、民族解放的梦想而奋斗终身的光荣使命。从"农村包围城市，武装夺取政权"的井冈山革命根据地建设，到抗战时期毛泽东同志提出的"独立自主的山地游击战"，拒绝国民党派遣他们的党员来当八路军干部的要求，坚持中国共产党对八路军的绝对领导权。从二万五千里长征粉碎国民党军队的多次"围剿"，到"统一战线中的独立自主"思想的基本理论，毛泽东同志将独立自主方针贯穿革命战争、国家建设的始终。从"建党伟业"走向"建国大业"的转折点，共产党人的工作重心从农村转到城市，面对百废待兴的局面，毛泽东

---

[1] 《毛泽东选集》第1卷，人民出版社1991年版，第222—223页。

同志在党的七届二中全会上说道:"必须用极大的努力去学会管理城市和建设城市。"[①] 毛泽东同志善于学习探索新领域,开拓新事业,自强不息领导中国革命和建设,扬起一面奋斗的旗帜,一路飘扬在共产党人坚守初心和使命的征程中。

四 奋进新时代
自强不息激活中国式现代化的创新力量

实现伟大复兴中国梦的漫漫征程,充满了无数未知的风险挑战,自强不息的创新精神是中华民族鲜明的文化禀赋,引领中华民族伟大复兴号巨轮乘风破浪,应对百年未有之大变局的重重挑战。习近平总书记说:"创新决胜未来,改革关乎国运","唯改革者进,唯创新者强,唯改革创新者胜"。自强不息精神内在的引领力、创造力、开拓力,在新时代表现为以改革创新为核心的发展第一动力。

(一)居安思危未雨绸缪,坚守底线勇毅前行

君子探索和把握天道运行规律,成就自强不息之德性。大自然的运行瞬息万变,其中有四季冷暖、昼夜循环规律的必然性,也有阴晴雨雪、风雨雷电气候的偶然性。君子主动探索事物运行规律,牢牢把握事物发展前进的主动权,包含着长远的战略眼光和辩证思维。忧患意识是人通过对未来发展趋势的把握,关照事物发展的当前局势,引导事物向好的方向发展的强烈责任感和危机感。"凡事预则立,不预

---

① 《毛泽东选集》第4卷,人民出版社1991年版,第1426页。

则废"，以长远的眼光谋划当前，做好充分的前期准备，积跬步以至千里，才能集聚力量，厚积薄发，推动事物走向成功。

党的二十大报告指出："我们必须增强忧患意识，坚持底线思维，做到居安思危、未雨绸缪，准备经受风高浪急甚至惊涛骇浪的重大考验。"[①] 面对影响深远的世纪疫情，世界进入新的动荡变革期，各地逆全球化思潮抬头，贸易领域的单边主义、保护主义势头明显上升。全球性问题加剧，局部冲突和动荡频发。我国坚守安全底线，以强大的科技作为支撑力量兜牢粮食安全、能源安全、国土安全、生命安全等新时代国家安全底线，增强创新能力，提升科技水平，积极提升应对惊涛骇浪的能力。

从国家安全和经济社会发展需要出发，从1994年开始，中国正式开启了北斗卫星导航系统（BDS）的自行研制，继美国全球定位系统（GPS）、俄罗斯格洛纳斯卫星导航系统（GLONASS）之后，2020年6月，中国完成了北斗导航系统的所有55颗卫星的组网发射，实现全球服务能力，中国成为世界上第三个具有全球导航系统的国家，为全球用户提供全方位、全天候、高精度的定位和授时服务。同年8月1日，习近平总书记在人民大会堂向全国人民正式宣布："北斗三号全球卫星导航系统正式开通！"全场掌声雷动，经久不息。

北斗闪耀，泽沐八方。北斗系统建成后，将广泛运用于我国交通运输、农林渔业、公安、消防减灾、特殊关爱、大众应用、电力、金

---

① 习近平：《高举中国特色社会主义伟大旗帜　为全面建设社会主义现代化国家而团结奋斗——在中国共产党第二十次全国代表大会上的报告》，人民出版社2022年版，第26页。

融等各个领域。北斗系统的全面运行,标志着我国实现了卫星导航芯片、模块、天线、卡板等基础产品技术的自主可控,形成完整的卫星产品产业链。随着互联网、云计算、大数据等技术的发展,北斗基础产品的嵌入式应用将不断加强,并产生巨大的融合效应。

(二)科技创新,撬动地球的杠杆

党的二十大报告指出:"高质量发展是全面建设社会主义现代化国家的首要任务","坚持高水平对外开放,加快构建以国内大循环为主体、国内国际双循环相互促进的新发展格局"。[①] 从站起来、富起来到强起来,21世纪的中国面临着更多机遇,也意味着更多挑战。当今世界科技发展突飞猛进,中国的科技创新事业行进如逆水行舟,不进则退。美国对中国芯片遏制余震回荡,创新科技能力关乎中国制造能不能高质量走向世界舞台,关乎国际大循环的中国制造市场综合竞争力。

科创事业呼唤人才,习近平总书记在中央人才工作会议上的重要讲话中指出:"人才是创新的第一资源,人才资源是我国在激烈的国际竞争中的重要力量和显著优势。创新驱动本质上是人才驱动,立足新发展阶段、贯彻新发展理念、构建新发展格局、推动高质量发展,必须把人才资源开发放在最优先位置,大力建设战略人才力量,着力夯实创新发展人才基础。"[②] 培养当代中国尖端科技人才,任重道远,

---

[①] 习近平:《高举中国特色社会主义伟大旗帜 为全面建设社会主义现代化国家而团结奋斗——在中国共产党第二十次全国代表大会上的报告》,人民出版社2022年版,第28页。

[②] 习近平:《深入实施新时代人才强国战略 加快建设世界重要人才中心和创新高地》,《求是》2021年第24期。

我们要积极汲取全球人才培育的先进模式、宝贵经验，与中国具体实际相结合，在高校系统中敢于创新、善于创新，积累当代创新型教育体制改革的经验，为培养创新科技人才打好坚实基础。

　　2022年11月20日卡塔尔世界杯开幕，满场的中国元素引起了全球的注意。中国元素如满天繁星，大到比赛场馆，小到球衣、奖杯，"中国制造"的身影无处不在。从2016年开工到2021年完工，中国铁建首次承建世界杯主场，这座卢塞尔体育馆傲然登上了10元卡塔尔纸币。卡塔尔足球场是国际足联最高标准的专业足球场，采用多项节能环保技术，能够实现露天足球场馆内低耗能降温，是世界同种类型建筑跨度最大、最复杂的体育设施建筑，打破了欧美国家在行业内的垄断地位，展示了"中国基建"的雄厚实力和优秀形象。中国宁夏大学为世界杯8座足球场提供草坪灌溉和养护，根据当地气候环境，用风能、太阳能发电提水的节能灌溉技术智能控制草坪养护，保障草坪高回弹、柔软触感的性能，实现了草坪耐踩踏并能够迅速恢复原状，为运动员提供安全舒适的比赛体验。这是一届彰显中国实力、映照中国力量、集聚中国智慧的精彩世界杯，中国品牌走向海外的影响力正冉冉上升。

第八章

厚德载物

王学斌

"厚德载物"作为中华民族优良的精神传统，自始至终提示历代国人当像无垠大地那般敦厚朴实，默默且坚韧地孕育着万物萌生与生命长成。由之同理，做一个高尚的中国人，为人与处世上务求严于律己，宽以待人，心胸开阔如莽原，立志高远似苍穹。

　　厚德载物之内核在"德"。"德"字本义是目视不偏，行动端正。在端正的行为基础上，不以个人得失为意，胸怀宽广，重公轻私，谓之厚德。用厚德的品行理性地对待客观环境中的人和事物，谓之载物。因而孔子说："志于道，据于德，依于仁，游于艺。"[①] 自古以来，"厚德载物"一贯是中华优秀传统文化中的珍贵精神财富，是国人对社会和自然的特质认识，是对中国人文精神的扬播，是一种至道大德。

一　理论渊源
厚德载物从历史中走来

　　"厚德载物"一语出自《易传·坤·象》："地势坤，君子以厚德载物。"[②] 这句话是说，地的形势有柔顺宽厚的性质，君子要以地为法，用敦厚的德行容载万物。详细言之，坤卦的卦象为"地"，"地"有其形势即"地势"，"地势"的特点是"至顺极厚"，所以能"无所不

[①] 中华书局编《论语·大学·中庸》，《四书五经》（全本全注全译大字本），中华书局2019年版，第74页。

[②] 中华书局编《周易》上册，《四书五经》（全本全注全译大字本），中华书局2019年版，第29页。

载"。君子应当取法地势体厚、能载万物的特点，培养宽厚的道德品性，以此厚德来养育万物，实现人道与地道的合一。

然而，此句的真正精彩之处，是在与乾卦的辩证关系。《易传·乾·象》曰："天行健，君子以自强不息。"①意谓天的运动有刚健的性质，君子要以天为法，不断地发挥自己的能动性。《易传》乾坤两卦中的天与地，健与坤，自强不息与厚德载物，透露出古人对世界存在的根源、运行规律的把握以及人们认识它们的思维方法。这构成了古人世界观和方法论的基本观念。

《易传》认为自然界的根源是阴阳二气，自然万物都是阴阳二气相互作用产生的，即《易传》所言"一阴一阳之谓道"。《易传·咸·彖》说："咸，感也。柔上而刚下，二气感应以相与。"②在自然界中阴阳二气的具体表现就是天地。"天地感而万物化生"，二气的感应，就是天地的交感，万物都是从天地交感化生出来的。"天地纲缊，万物化醇，男女构精，万物化生。"③就像男女配合生出子女一样，天地配合生出万物。

在化生万物中，《易传》认识到天与地是对立统一的关系。《系辞》说："乾，阳物也。坤，阴物也。"前者是主动的、刚健的，谓之阳；后者是被动的、柔顺的，谓之阴。在矛盾的两个对立面中，乾坤处于不同的地位，发挥着不同的作用。《系辞传》曰："乾知大始，坤

---

① 中华书局编《周易》上册，《四书五经》（全本全注全译大字本），中华书局2019年版，第8页。
② 中华书局编《周易》下册，《四书五经》（全本全注全译大字本），中华书局2019年版，第282页。
③ 中华书局编《周易》下册，《四书五经》（全本全注全译大字本），中华书局2019年版，第625页。

作成物。"①意谓乾所主管的是创始，坤所主管的是完成。坤卦的卦辞说："先迷，后得，主利。"坤在行动时不能领先，领先会迷失方向，居后才能获得，因为坤没有创始的功能。坤道柔顺，保持容纳的主体意识，才会载物；乾道刚健，形成积极的主体精神，才会引领。换言之，地道柔顺以居后，天道刚健主引领。地道顺承天道以行动，天道引领地道以载物。所以天是领导创始者，坤是随从完成者，二者是互相补充和成就的关系。

《易传》还将世界演化与人类历史关联起来，从世界观来谈人生观的形成与发展。"古者庖牺氏之王天下也，仰则观象于天，俯则观法于地，观鸟兽之文与地之宜，近取诸身，远取诸物，于是始作八卦，以通神明之德，以类万物之情。"②这段话表达的是，中华民族的文明史是自庖牺氏观察天地运行和鸟兽之文开始，其成果就是八卦始作。古人将世界观和人生观贯通为一。"有天地然后有万物，有万物然后有男女，有男女然后有夫妇，有夫妇然后有父子，有父子然后有君臣，有君臣然后有上下，有上下然后礼义有所错。"③天地化生出万物，然后才有人类，才形成人类社会的政治秩序。"天地变化，圣人效之"，"黄帝尧舜垂衣裳而天下治，盖取诸乾坤"。④《易传》中的这些话阐述了世界演化与人道由来，二者构成一个和谐的整体。可见，中国哲学

---

① 中华书局编《周易》下册，《四书五经》（全本全注全译大字本），中华书局2019年版，第561页。
② 中华书局编《周易》下册，《四书五经》（全本全注全译大字本），中华书局2019年版，第607页。
③ 中华书局编《周易》下册，《四书五经》（全本全注全译大字本），中华书局2019年版，第675页。
④ 中华书局编《周易》下册，《四书五经》（全本全注全译大字本），中华书局2019年版，第610页。

最显著的思维就是天人合一，从这样的角度来看厚德载物，能够深刻揭示古人的哲学智慧。

　　人类社会的礼义秩序取法于天地之道。天地的相互作用化生万物，《易传》称之为"天地之大德曰生"。君子取法天地之道，就应该培养这种生生之德，即自强不息与厚德载物这两种德行的统一体。君子自强不息才能引领厚德载物，而厚德载物才能真正实现自强不息。天地的生生之德，是通过乾道引领和坤道完成而实现的对立统一的存在。因此，取法天地之道的厚德载物精神构成中国哲人的思想基础。孔子讲的"己欲立而立人，己欲达而达人""修己以安人""修己以安百姓"等，就是对这种德行的阐发和总结。《道德经》讲的"上善若水"，墨子提出的"视人之国若视其国，视人之家若视其家，视人之身若视其身"，以及孟子讲的"老吾老以及人之老，幼吾幼以及人之幼"，所表达出的德行莫不与厚德载物一致。北宋张载将其阐释为"民，吾同胞；物，吾与也"，程颢、王阳明则进一步凝练提升为"以天地万物为一体"，他们都是对厚德载物思想的传承和弘扬。

二　演进历程
厚德载物在不断建构中丰富

　　在中华传统文化的传承中，厚德载物的内涵不断丰富充实，在中国思想史不同的发展阶段汲取优秀的历史基因片段，充实着其思想宝库。

（一）先秦时期："为政以德"

　　儒家是中国传统文化的主流，厚德载物思想的传承是先秦哲人对坤卦的义理阐释，其中的尚德思想对儒家思想影响颇深。孔子主张兼济天下的思想，在其对厚德载物思想的传承中有进一步的发展。《系辞上》曰："富有之谓大业，日新之谓盛德。"[1]《系辞下》曰："夫乾，天下之至健也，德行恒易以知险；夫坤，天下之至顺也，德行恒简以知阻。"[2] 知险而不陷于险，然后为至健，知阻而不困于阻，然后为至顺，而健顺的统一则为最高理想。在帛书《要》中有孔子云："《易》，我后其祝卜矣，我观其德义耳也。"显然孔子之意是要超越将《周易》仅仅看作是祝卜的实用占筮目的，而从提升"德义"视角着眼，深入挖掘和阐发其思想精髓。孔子认为正人君子理当从中"顺于道德而理于义，穷理尽性以至于命"，因此孔子明确指出"无德则不能知《易》"。孟子提出了"四心"是将仁爱思想内化后的人性表达，包括"恻隐之心，仁之端也。羞恶之心，义之端也。辞让之心，礼之端也。是非之心，智之端也。人之有四端也，犹其有四体也"[3]。孟子认为，要从始于自发无意识的"四心"修养扩充为有意识的道德情感和思想规范，即为"四德"。孟子的思想极大地拓展了厚德载物思想里"仁爱之德"的宽厚。

（二）两汉经学："国之所以为国者，德也"

两汉时期，儒学对汉代文化产生重要影响，成为当时社会的主要

---

[1] 中华书局编《周易》下册，《四书五经》（全本全注全译大字本），中华书局2019年版，第571页。

[2] 中华书局编《周易》下册，《四书五经》（全本全注全译大字本），中华书局2019年版，第605页。

[3] 中华书局编《孟子》，《四书五经》（全本全注全译大字本），中华书局2019年版，第59页。

思潮，儒学渗透在政治、经济、社会、文化、生活的方方面面，塑造了汉代特有的"道德至上"的文化认同。汉代的贾谊对《周易》表现出极大的关注，对《周易》中有关"德"的阐释进一步拓展，认为德有六理，可生万物，其《新书·道德说》有言，"所得以生谓之德"，即德是与生俱来的，德是生养世界的基本原则，德生于道，而由德可生理，进而可生万物。以此为基础，贾谊提出了"施五饵、三表以系单于"的民族地方政策。虽然现在看来这一政策具体实施颇有局限性，但其内含"以厚德怀服四夷"的思想是对厚德载物思想中仁爱理念的深化和扩充。董仲舒则从国家治理的视角出发，推崇"道德至上"之际，提出以德治国的理念。他认为"国之所以为国者，德也"，以阴阳之道为基础提出其著名的伦理道德观念"三纲"之说，劝告当时为政者的治国策略应"尊德卑刑""厚德简刑"，以德治为主，其所述观点与《易传》之坤卦的阐释也有渊源，其中蕴含并延展了厚德载物思想。

（三）魏晋玄学：实践不足的道德文化

魏晋时期，在少数民族崛起的背景下，社会环境、思想文化形态复杂，适合门阀士族精神统治需要的"玄学"思想开始出现并迅速蔓延，厚德载物思想就是在文化观念由对立走向融合这一趋势下得以不断传承和发展的。"玄"的概念源自《老子》，其核心是"道"，探讨宇宙本源等抽象的哲学问题，内容玄远，故略称为"玄学"，其将道家虚无思想同儒家孔孟之道糅合在一起，调和了儒、道两者的思想。玄学的代表人物王弼解《易》就十分注重德行的作用，在著作之中特别强调"中正之德"，在其看来，"中正"既代表位序，又代表德行。

作为一种道德原则,"中正"对身处不同地位的社会成员提出不同的道德要求。王弼进而在阐释"坤道"时认为,大地因其无形之德得以实现厚德载物,"故仁德之厚,非用仁之所能也;行义之正,非用义之所成也",即像仁义这种伦理规范,都是源于内心的自然情感。但是也可以看到,以老庄为代表的道家自然主义深刻影响着魏晋时期玄学的发展,实质在一定程度上消解了人们对"仁"的关注和追求,如郭象在《齐物论》中主张人应"冥而忘迹",舍弃知识,无所作为,顺从命运安排自然而然地生存、发展,以"无可无不可"的态度对待周边世界,久而久之就衍化成勿须付诸行动、实践不足的道德文化。

(四)唐代"道统":兼容并包

唐代是中国传统社会的鼎盛时期,各种思想融汇,文化心态开放进取。唐代中国传统文化的厚重底蕴体现在文学、艺术、宗教、对外交流等领域均呈现百花齐放之势。由孔颖达编撰的被唐代士人群体视为"取道之源"的《五经正义》以整理经典、统一经学的方式对唐代的思想文化产生广泛的影响。韩愈以重振儒家道统,重新确立儒家思想在社会生活中的主导地位为己任,并吸收新的思辨方法,在《原道》中讨论仁义和道德,将汉代以来交融在一起的儒家仁义说和道家道德说进行了梳理,提出"博爱之谓仁,行而宜之之谓义",其中"宜"之所指为道德上的"应当",符合"道"所给出的规范才能做到"仁"至"义"尽,"足乎己无待于外之谓德",即若要收获"德",需从内心修养提升方向上去追求,继而其提出"仁与义为定名,道与德为虚位",道德的内容实质是仁义,道与德是形式,仁与义是内容,道德是对仁义的遵循和自觉认同,"仁义"与"道德"是合一的。韩愈从先秦"仁爱"思想出发,对其进行合理引申,提出对万物、境外少数民族"一视而同仁"。可以认为韩愈所秉持的这些观点和主张是厚德载物思想的延续。

（五）宋明理学："察地势以厚德"

宋明理学在吸收了《易传》的思想之后,将仁及万物的思想纳入"仁德"体系之中。北宋著名学者张载在《正蒙·西铭》里指出"民,吾同胞；物,吾与也",意为对于天地万物要有一个整体的观念,身处其中民众是其同胞,万物是其朋友。他还提及"查天行以自强,察地势以厚德",这一思想与厚德载物中的"至哉坤元,万物资生"思想一脉相承。明代王阳明则认为"天地万物为一体",其明确提出"知行合一"的命题,在认识论视角下"知而不行""行而不知"是产生一系列社会问题的根源所在,"外心以求理,此知行之所以二也。求理于吾心,此圣门知行合一之教"。他认为只有通过知行合一、身体力行的实践活动才可以恢复人之为人的良知本能,破除"心中贼",维护社会稳定。可以断言,张载和王阳明的说法最能完整地体现厚德载物的基本精神。在北宋思想家程颢、程颐著作汇集中也有论述："地厚而其势顺倾,故取其顺厚之象,而云地势坤也,君子观坤厚之象,以深厚之德,容载庶物。"这是通过辩证之法阐释其观点,将传统儒家所倡导的应然和当然价值,与天道的自然和所以然相交融。南宋学者朱熹则认为,地势"至顺极厚",故能"无所不载"："柔顺正固,坤之'直'也。赋形有定,坤之'方'也。德合无疆,坤之'大'也。"总的来看,大多宋明儒者只强调"心",两千年的传统思想塑造了巨大忍耐性的民族特点,并因此而包容有余,刚健不足。

历数几千年的思想演变,厚德载物思想基本内涵大概包括如下三个方面:

一是仁爱的道德准则。厚德载物思想的核心精神内涵是宽厚仁爱,包容万物。仁爱之心始源于个体内心对母体"载物"厚德的自然亲近和认同。《彖传》云:"至哉坤元,万物资生。"大地之德宽厚仁爱,无私而载。《周易·说卦》有言"立人之道,曰仁与义"[①],人道即为"仁义"。《系辞上》曰"安土敦乎仁,故能爱"[②],意为安于所处的环境,敦行仁道,才能泛爱天下,这便是《周易》中仁爱思想的深刻反映。仁爱是厚德载物思想中所提倡的道德行为准则,也是儒家思想体系的核心,即仁者爱人的理想目标和为仁之方的行动实践。《吕氏春秋·不二》精辟总结"孔子贵仁",即孔子将"仁"上升为道德自律的最高境界,故有"仁者爱人"的阐发,继而有"己欲立而立人,己欲达而达人"的为仁之方。厚德载物思想中仁爱的道德准则蕴含"亲亲""仁民""爱物"的层层推广,即"仁爱"是"大地之德"由自我及他者,由"爱亲"及"泛爱众",由爱人及爱万物,由"小我"及"大我"的宽博情怀,并以"显诸仁,藏诸用"的形式实现内外兼修。

二是谦和的道德准则。《易经》和《易传》构成了《周易》的两个重要部分。《易经》以乾坤二卦为核心,由六十四卦和三百八十四爻组成。这其中唯有谦卦的所有卦辞、爻辞均吉祥,而作为对《易经》解释、发挥的《易传》,则集中通过谦卦表达了对于谦和这一

---

① 中华书局编《周易》下册,《四书五经》(全本全注全译大字本),中华书局2019年版,第648页。

② 中华书局编《周易》下册,《四书五经》(全本全注全译大字本),中华书局2019年版,第569页。

美德的推崇，亦是厚德载物思想中谦和原则的集中体现。《易传》中《象传》曰"地中有山，谦；君子以裒多益寡，称物平施"，以隐喻方式阐释"谦"之内涵，高山隐藏于广袤大地之中恰如美德嵌入内心而不外露，君子正需要虚心接受他人意见，知轻重。又如《咸·象》曰"山上有泽，咸，君子以虚受人"①，其中"虚"即谦虚，虚怀若谷、诚心接纳的意思，并作出深入解释——"劳谦君子，万民服也"，意为具有谦和品德的人才会真正使人敬服。作为研究领域的重要典籍，《周易折中》引陆象山曰"自尊大，则不能由礼，卑以自牧，乃能自节制以礼也"，意为以谦和的态度提升自我修养，并能实现自我约束。"谦"之美德在《易传》中以独有的解读方式对其发生发展和重要意义进行阐释，逐步进行精细论证，使谦和作为重要的道德准则获得重要的理性依据和信仰力量。

三是诚信的道德准则。谦和与诚信相辅相成。谦和源自内心的真诚信实，态度谦和、尊重他人即为"中虚"，是诚信之根本；脚踏实地、言出必行即为"中实"，是诚信之本质。《周易》中"孚"即诚实守信之意，且源于内心（即为"中"），故谓之"中孚"。在有学者做过的统计中，《易经》之中曾二十六次提及"孚"，可见其对于诚信道德准则的重视。特别是中孚卦集中解释了诚信准则，其九五爻辞曰"有孚挛如，无咎"，意为通过诚实守信品德相维系的交往，能避免许多灾祸。可见，《易经》表达了诚信之德可安邦兴国之意。君子"忠信，所以进德也；修辞立其诚，所以居业也"，即君子之德，以忠信为本；君子之业，以诚贞为本。继而，《系辞上》曰"人之所助者，

---

① 中华书局编《周易》下册，《四书五经》（全本全注全译大字本），中华书局2019年版，第283页。

信也",意在阐明诚信基础之上才有人与人之间的亲近和聚合,形成社会群体乃至整个民族的强大凝聚力。孟子则将《周易》中诚信的道德准则进一步发展,《孟子·离娄上》曰:"诚者,天之道也;思诚者,人之道也,至诚而不动者,未之有也;不诚,未有能动者也。"[1] "人"与"天"能够相融合的关键所在则为是否具备诚信的品德。

三 宝贵滋养
厚德载物涵育了中国共产党的精神气质

张岱年先生曾盛赞"自强不息""厚德载物"思想可以看作是中华民族精神的主要表现,是民族得以延续和发展的思想基础。[2] 中国传统文化中德治理想所憧憬的大同社会,实际上就是一个没有阶级基础的、缺乏正确革命道路指引的,但却与共产主义理想有着天然联系的社会,厚德载物思想所内含的中华优秀传统文化基因与马克思提出的"道德的基础是人类精神的自律"价值理想也高度契合。一个民族在其悠久的历史传统中所形成的共同的精神风貌和价值取向,通过日常生活的潜移默化,不知不觉地以文化基因的方式渗透于人们的思维之中,内在地发挥着普遍且持久的影响力。因此,要充分发挥好中华优秀传统文化基因影响力,在新时代结合实际赋予其鲜活的思想印记。

在《周易》中,从卦序上来讲,乾卦在前,坤卦在后。从某种意义上讲,坤卦就是一个"在先的在后者"。这种讲法的学理依据恰恰

---

[1] 中华书局编《孟子》,《四书五经》(全本全注全译大字本),中华书局2019年版,第138页。

[2] 参见《张岱年全集》第6卷,河北人民出版社1996年版。

来自《周易》中乾坤两卦之间的互动关系。换个角度来说，积极进取的乾卦要以含蓄保守的坤卦为其前提。这并不是矛盾或者变戏法，而是体现了事物之间复杂的关联性。

《周易》中的坤卦虽然单独成象，但如果离开与乾卦相对照的话，那么，它最本真的意义就会流失不在。具体而言，一旦离开乾卦所奠基的开拓进取的意义，坤卦的厚德载物之义便会悬空，成为空洞的说辞，无法落到实处。这与向上抽穗拔节的力量始终需要与向下生根的努力相辅相成，庄稼才能长得好是一个道理。

进一步而言，厚德载物是对自强不息的补充和限制。补充在于，一味地进取而不知其所指，就有如一架力量十分雄厚但缺乏方向指引的机器。一旦失去方向或者走上错误的路径，速度越大，则偏离越多，危害也越大。在这种意义上，厚德载物成了一种限制和引导，从而划定了界限。

厚德才能载物，薄德则会失物。唯有厚其德，载物才可能。这就像一个容器，我们既要通过不断地锤炼，不断地使得自身坚挺、坚硬，也要不断地扩大自己的容量。所能与所容需要相配。在中国的文化中，我们并不完全是悬空论道，而是秉持收敛的德性，把实力掩藏在礼仪之下。在这种意义上，我们需要依据他者的眼睛寻找自己的恰当定位，戒骄戒躁；在与他者的切磋中支撑起自己。

由此看来，乾坤两卦相辅相成。因此，乾卦所呈现的积极进取、自强不息精神与坤卦所主张的厚德载物、不与人相争的气质并不是对立关系，而是一体两面的关系。因为，对立关系意味着此消彼长、此强彼弱、此起彼伏，而一体两面的关系则是相互成就、相互支撑、相互扶持的关系。乾坤共同构成了一个整体，在整体中则包含着差异。

这种厚德的力量深刻滋养与塑造了每一位中国共产党人,时时警醒先锋队成员们须成为顶天立地的人,且不能妄自尊大,要时刻保持自省的态度。孔子云"见贤思齐焉,见不贤而内自省也",就是要求我们不断自省。看到有德行的人,要努力向对方看齐;看到没有德行的人,要在内心反省,自己是不是也有同样的缺点。一个人要有自省的能力才能进步,一个民族要有自省的能力才能推陈出新。1935年遵义会议召开后不久,周恩来对博古推心置腹地讲:我们党必须找一个熟悉农村革命的人当统帅。我虽然长期做军事工作,军队干部也拥护我,但我有自知之明。你虽然有才华,但不懂军事,很难领兵打仗。你我都是做具体业务的人,不合适做领袖、当统帅。作为党的主要领导人,周恩来自省自警,身体力行地诠释了厚德载物所蕴含的自省精神。新时期,习近平总书记对党员提出明确要求,"必须加强自律、慎独慎微",要"经常对照党章检查自己的言行","陶冶道德情操,永葆共产党人政治本色"。这些要求与中国厚德载物的内涵是一脉相承的。

四 返本开新
厚德载物在新时代的体现与发展

在党的二十大报告中,习近平总书记指出:"坚持和发展马克思主义,必须同中华优秀传统文化相结合。只有植根本国、本民族历史文化沃土,马克思主义真理之树才能根深叶茂。"[①] 结合的关键,就在于如何将马克思主义思想精髓与中华优秀传统文化精华贯通起来。中

---

① 《习近平著作选读》第1卷,人民出版社2023年版,第15页。

华优秀传统文化源远流长、博大精深，特别是厚德载物精神，是中国人民在长期生产生活中积累的宇宙观、天下观、社会观、道德观的重要体现，同科学社会主义主张具有高度契合性。厚德载物的哲学基础来自古人的世界观和方法论，即《系辞上》所说"一阴一阳之谓道"，整个世界是对立统一的存在，这不仅是中华民族自古以来的传统观念，也是马克思主义辩证法的核心理念。马克思主义思想精髓可以在世界观和方法论上与中华优秀传统文化精华相结合。

这与西方的世界观和方法论是有着根本区别的。在西方的辩证法中，世界被二分为理念和现实、灵魂和肉体、原因和结果、必然和偶然，等等。西方的辩证法，便构筑在这样两极的基础上，在两极之间寻求某些通道，本意为求适应世界的一体，无奈却加强了世界的两分。结果产生的是人与自然关系的失衡，国际社会的零和思维霸权秩序，人与人之间的紧张对立。在中国，人们则相信宇宙本系一体，两分只是认识的一种方便法门，一个剖析手段和中间过程，即将事物包含的不同因素和变化可能推至极端，极而言之以显同中之异，并反证着事物本为合异之同。结果形成的是系统和谐思维，追求的是厚德载物和平共处的政治秩序，即人类命运共同体。总之，中华优秀传统文化是系统的、综合的、辩证的、圆融的，必将克服西方思维中的片面、孤立、对立、紧张倾向，对构建中国特色的哲学社会科学话语体系，促进马克思主义在21世纪的发展有着重要作用。

例如，关于党的二十大报告强调的党的自我革命制度，我们并没有只局限于党员的自我监督、自我革命，而是深入贯彻党内监督。不仅如此，政治巡视成为自我革命很重要的一部分。其根本的意义在于，将"自我"不局限于个人，而是扩展到整个党内，从而构成一种集体约束。由此可以看到，党的自我革命除了积极奋进的一面，还有受到规范和约束的一面。

我们看到，在"恃强凌弱、巧取豪夺、零和博弈等霸权霸道霸凌行径"大行其道的当下，"世界又一次站在历史的十字路口"，它们挑战着各国政府、各国人民最深层的智慧。当世界各国不侵略他国、不将自己给予他国的帮助变成要挟的砝码，同样，如果世界各国都能够秉承《周易》坤卦所彰显的包容与和合的态度，我们相信，构建人类命运共同体的中国倡议将成为世界各国人民的共识。只有在这种共识之下，我们才有可能各美其美、美人之美，最终达到美美与共、天下大同。

早在2018年12月庆祝改革开放40周年大会上，习近平总书记引用了《周易》坤卦中的"地势坤，君子以厚德载物"，以此表明中国共产党和中国人民所具有的宽广胸怀。党的二十大报告中的一些内容也体现出"厚其德"的要求，凸显了党的二十大报告自身是在自觉作出"两个结合"的表率。其中的一点就是中国共产党人的自我革命理论。在不断地自我革命的基础上，"厚德载物"才不至于沦为空洞的语词。自我革命理论内容丰富，而反腐败则是最彻底的自我革命。"反腐败是自我净化的根本举措，体现为排毒瘤、排病毒、去杂质，把住了自我净化这个起点，就把住了自我革命成功的关键。"自我革命体现的是清理地基的工作，这种工作体现了"承载者"本身的努力。同样，清理地基是建设大厦的基础。

五 与时偕行
厚德载物的未来展望

习近平总书记在2023年6月2日召开的文化传承发展座谈会上指出，我们要"更好担负起新的文化使命"，"在新的起点上继续推动文化繁荣、建设文化强国、建设中华民族现代文明，是我们在新时代新的文化使命"。[①] 这提示我们，在新时代厚德载物之发扬光大，必须与马克思主义基本原理实现深刻融通、深相结合。这关乎蕴含优秀中国传统精神要素的文化基因，如何在新时代中国特色社会主义实践中永葆青春，适应现实战略的需要，更关乎"不断赋予科学理论鲜明的中国特色，不断夯实马克思主义中国化时代化的历史基础和群众基础，让马克思主义在中国牢牢扎根"之重任。

具体而言，在深入研读与汲取马克思主义基本原理的科学精髓的同时，我们当积极提炼厚德载物的精髓，用于培养国人尤其是青年一代良好的道德人格，助益他们实现个体的自我完善，树立正确的世界观、人生观、价值观。面向未来，要实现中国式现代化，也需要善于挖掘中华优秀传统文化中"德"之资源，进一步丰富国人的精神世界，升华其精神层次，实现其全面发展。循序渐进后，中国之"德"便愈益在日常生产与生活中化于科学真理当中，而科学真理也愈益在升华中国人的精神世界时融入个体脑海内。如此有机结合，或可这般达致。

---

① 习近平：《在文化传承发展座谈会上的讲话》，《求是》2023年第17期。

第九章

讲信修睦

刘余莉 邢梦潺

讲信修睦是中华民族处理人与人之间、国与国之间关系的道德原则和价值理念。历史上，中国人以信为本、以和为贵，对内对外讲求诚信、崇尚和睦，展现了泱泱大国的宽宏胸襟。习近平总书记对全国宣传思想文化工作作出的重要指示指出："着力赓续中华文脉、推动中华优秀传统文化创造性转化和创新性发展。"新时代，中国共产党践行讲信修睦价值原则，将其与马克思主义人类情怀、科学社会主义价值观相结合，是马克思主义中国化过程中实现中华优秀传统文化创造性转化和创新性发展的重要实践。习近平总书记在党的二十大报告中将讲信修睦称为"中华文明的智慧结晶"之一，并多次强调诚信、和睦等价值观念对于构建和谐政群关系、经济关系、社会关系、军民关系以及外交关系的重要性。研究讲信修睦的理论渊源，探讨其在中华民族、中国共产党和中国特色社会主义发展历程中的精神支撑和价值指引作用，具有重要意义。

一 赓续中华文脉
讲信修睦的理念价值

"讲信修睦"语出《礼记·礼运》："大道之行也，天下为公，选贤与能，讲信修睦。"[1]"讲信者，谈说忠信之行。修睦者，修习亲睦之事"[2]，意思是讲究忠信的行为，修习亲睦和顺的事情。《礼记》中将

---

[1] 孙希旦：《礼记集解》，沈啸寰、王星贤点校，中华书局2012版，第582页。
[2] 孙希旦：《礼记集解》，沈啸寰、王星贤点校，中华书局2012版，第582页。

"讲信修睦"视为大同世界的特征，要求在人与人、国与国之间达致亲密和睦的境界，讲求天下一家、民胞物与、诚信友善、协和万邦，这种价值理念，千百年来深深镌刻在中华传统文化的血脉之中。

讲信修睦是构建友好和谐人际关系的道德准则。"信，诚也"[1]，讲信意味着诚实无欺、恪守信用。"人而无信，不知其可也。大车无輗，小车无軏，其何以行之哉？"[2]如果做人不讲信用，就像车子不能转向一样，不可立身于世间，不能够和身边的人建立互信、和睦的关系。"睦，目顺也"[3]，亦有敬、和、亲、厚、密等解。孔子要求弟子躬行五种品德，"入则孝，出则弟，谨而信，泛爱众，而亲仁"[4]，也曾以"文行忠信"来教化弟子，其中充分体现了讲信修睦的价值要求。人作为群体的一部分，在处理各种关系时要以信为根基、以睦为追求，唯有互相信任、互敬和睦，才是友好交往的前提。秦末有"得黄金百斤，不如得季布一诺"的谚语，是说有一个叫季布的人，说话诚信、为人亲厚，同很多人建立了深厚的友情，人们非常信任和敬爱他，认为他的承诺比百斤黄金还贵重。孟子指出"修其孝悌忠信"[5]，强调"言必信，行必果"，倡导待人以忠、处世讲信、为人亲厚，从而博得人们的亲近和尊敬，建立起友爱的关系。当然，讲信修睦要符合道义，中国古人尤为强调"循义"，"义"是讲信修睦的基础和前提。有子说："信近于义，言可复也。"[6]讲信修睦要以"义"为规，合义则必履，违

---

[1] 许慎：《说文解字》，徐铉校订，中华书局2013年版，第46页。
[2] 杨伯峻：《论语译注》，中华书局2010年版，第21页。
[3] 许慎：《说文解字》，徐铉校订，中华书局2013年版，第66页。
[4] 杨伯峻：《论语译注》，中华书局2010年版，第4页。
[5] 朱熹：《四书章句集注》，中华书局2012年版，第206页。
[6] 杨伯峻：《论语译注》，中华书局2010年版，第8页。

义则非守。

讲信修睦是维系社会和谐、促进社会团结的纽带。个体是社会的组成部分，人与人之间的关系决定着社会和谐与否。讲信修睦是人与人建立友好关系的基石，也是社会和谐的重要保障。"君子义以为质，礼以行之，孙以出之，信以成之"①，若以讲信修睦作为社会交往的守则，就能够营造团结友善的社会氛围，达成事业成功。例如历史上有名的晋商，其经营方式如行帮、朋合营利、伙计制等，都是本着合作互助的原则，依赖人格信义和亲邻之间的友好互助。在经商过程中，他们积极维护同乡的利益，推行"同乡互助"原则，营造和顺友好的营商环境，同时，注重行业名声和信誉，与经商对象建立信任和睦的关系，进而获得持久的发展。管子言"非诚贾不得食于贾，非诚工不得食于工，非诚农不得食于农，非信士不得立于朝"②，告诫各行各业的人都要有敬业精神，诚信责己、和睦待人，才能各食其所，构建和谐友善的社会关系。

讲信修睦是促进国家富强的精神动力。"信，国之宝也，民之所庇也"③，诚信是国家的根基，是人民行事的根据。政府有信用，人民才能有信心、有规矩，国家才能和睦。荀子曾强调讲信修睦对国家治理和建设的重要性，指出"张其义""齐其信"是施行王道、建设和谐国家的关键。他举例说："齐桓、晋文、楚庄、吴阖闾、越勾践，是皆僻陋之国也，威动天下，强殆中国，无它故焉，略信也。"④这些国家偏居一隅，远离周朝政治、经济、文化的中心，它们之所以能强

---

① 杨伯峻：《论语译注》，中华书局2010年版，第164页。
② 黎翔凤：《管子校注》，中华书局2004年版，第91页。
③ 杨伯峻编著《左氏春秋传注》，中华书局2014年版，第435页。
④ 王先谦：《荀子集解》，沈啸寰、王星贤点校，中华书局2014年版，第243页。

大起来，就是因为它们以信立国、亲厚百姓，赢得了人心，凝聚了人民的力量。讲信修睦作为治理国家的精神支撑，关键在于为政者是否可以立身诚信、微言笃行，与人民建立和睦友好的关系。子贡曾问政于孔子，孔子讲，关键在于兵食要充足、为政者要取信于民，但如果条件不能全部满足，首先可以舍去兵，其次可以舍去食，唯独信不能舍去，因为"民无信不立"。为政者必须修身正己、取信于民，营造和睦的社会环境，方能上下团结一心、共同奋斗，进而推动国家建设，实现国家富强。

讲信修睦是推动国际和谐交往的重要准则。"诚信者，天下之结也。"[1]国与国之间想要和睦交往，也需以讲究信用、互相尊重、友爱亲厚为基础。《尚书》记载，帝尧"允恭克让"[2]，有诚信、恭谨、克己、礼让的德行，不仅使九族之内能够亲睦和顺，而且使天下的百姓都能够友好和睦。帝尧的四种道德品质，正是讲信修睦的价值体现。相反，如果一个国家不能做到讲信修睦，就会在国际上众叛亲离。《左传》讲道："匹夫一为不信，犹不可也，若合诸卿，以为不信，必不捷矣。"[3]普通人尚且不可作出不守信用的事，如果会合诸侯不守信用，就必然不会成功。古人在处理外交关系上讲求"怀远以德"，管仲建议齐侯以礼和德为基础与诸侯修好，"君以礼与信属诸侯"[4]，与其他国家保持和睦亲顺的关系。因此，讲信修睦对于处理国与国之间的

---

[1] 黎翔凤：《管子校注》，中华书局2004年版，第246页。
[2] 魏徵等合编《群书治要译注》，《群书治要》学习小组点校，中国书店出版社2019年版，第169页。
[3] 魏徵等合编《群书治要译注》，《群书治要》学习小组点校，中国书店出版社2019年版，第519页。
[4] 杨伯峻编著《左氏春秋传注》，中华书局2014年版，第318页。

关系意义重大。

二 坚定文化自信
讲信修睦之于中华文明特质塑造

党的十八大以来，习近平总书记在系列重要讲话中对中华文明精神特质的科学内涵作出深刻阐释，他指出："要把中华文明起源研究同中华文明特质和形态等重大问题研究紧密结合起来，深入研究阐释中华文明起源所昭示的中华民族共同体发展路向和中华民族多元一体演进格局，研究阐释中华文明讲仁爱、重民本、守诚信、崇正义、尚和合、求大同的精神特质和发展形态，阐明中国道路的深厚文化底蕴。"[①] 讲究诚信，谋求和睦，是中华民族千年来坚持的理念，在历史演进过程中深植于中华文明精神特质中，与讲仁爱、重民本、守诚信、崇正义、尚和合、求大同等价值理念密不可分。

"讲仁爱、重民本"是中华文明精神特质的核心和灵魂。仁者，爱人，则诚不欺人，"仁及草木"，故能"亲睦九族""远人来服"。讲信修睦是君子仁人的价值追求，若能以信德行于天下，为人亲厚友爱，则能为人所信任和委任，此即为行仁。子张问仁于孔子，孔子曰"能行五者于天下为仁矣"[②]，也就是恭、宽、信、敏、惠。孔子所言的"五者"，全部体现了讲信修睦的价值观，所以说，讲信修睦的要求内在于"仁"理念之中。讲信修睦还体现于民本思想中，民心向背是

---

① 习近平：《把中国文明历史研究引向深入 增强历史自觉坚定文化自信》，《求是》2022年第14期。
② 杨伯峻：《论语译注》，中华书局2010年版，第181页。

政权稳固的根本，讲信修睦是获得民心的前提，"德惟善政，政在养民"①，如果不能做到讲信修睦，政府无论说真话还是假话、做好事还是坏事，都会被认为是说假话、做坏事。可见，讲信修睦作为治国之要的伦理准则，在中华文明精神中促成了讲究诚信、以仁立身、修好顺睦的价值指南，形成了重民、爱民的政治传统。

如何做到讲信修睦？首先，为政者要微言笃行，以信立身行事。《群书治要·中论》中讲："欲人之信己，则微言而笃行之。笃行之，则日用久；日用久，则事著明；事著明，则有目者莫不见也，有耳者莫不闻也，其可诬乎？"②意思就是如果为政者想让人们信任自己、形成和睦的政治治理，那么，即使许下微小的承诺，也要尽力实现，效果日益长久，百姓就会有目共睹、有耳皆闻，政治环境才能和睦。其次，为政者要率先垂范，方可引领社会良善风气。《群书治要·傅子》中说："夫信由上而结者也。"③诚信是由在上位者缔结的。为政者能够率先做到讲信修睦，就会带动整个社会风气朝着良善的方向发展。最后，任用读圣贤书的读书人。古代在人才选拔中讲求"学而优则仕"，能够熟读圣贤书并且力行圣贤人的教诲，才能在为政过程中做到讲信修睦。《论语》中特别强调讲信修睦对于立身、治国的重要性，"上好信，则民莫敢不用情。夫如是，则四方之民襁负其子而至矣，焉用

---

① 魏徵等合编《群书治要译注》，《群书治要》学习小组点校，中国书店出版社2019年版，第180页。

② 魏徵等合编《群书治要译注》，《群书治要》学习小组点校，中国书店出版社2019年版，第3827页。

③ 魏徵等合编《群书治要译注》，《群书治要》学习小组点校，中国书店出版社2019年版，第4077页。

稼。"①《孟子》中也有"不信仁贤，则国空虚"②的论断，这些都为读书人能够以信立身、讲信修睦、取信于民奠定坚实的基础。

"守诚信、崇正义"是中华文明精神特质之基石。讲信修睦并不是无原则的，中华民族历来强调"循信以义"，讲信修睦的前提在于是否符合道义。无原则的讲信修睦不仅不能维护长久友善的关系，反而会破坏友好关系。中华传统文化强调社会公德和整体主义的价值取向，守诚信、崇正义是人立身处世之本，是社会和谐之基，其与讲信修睦的价值要求是相通的。人是社会的组成者，也是社会关系的缔造者，如果能够守诚信，崇正义，就可以真正做到讲信修睦，营造出和睦友好的相处关系、生产关系。"君子贞而不谅"，讲信修睦不能拘泥于小信，必须讲大信，在民族大义面前，以崇正义为先。孔子评价管仲："微管仲，吾其被发左衽矣。"③对管仲的评判应该从其政治功过、民族大义上着眼，而不能从其对公子纠的小信而言。讲信修睦与崇尚正义是密切不可分的，必须以正义为标尺，所谓"主忠信，徙义，崇德也"④。以"义"为前提的讲信修睦也是经商的重要原则，荀子力赞"良贾"，认为"商贾敦悫无诈，则商旅安，货通财，而国求给矣"⑤，吕不韦更将讲信修睦看作"万利之本"，以崇正义为前提的讲信修睦才能真正持久。

"尚和合、求大同"是中华文明精神特质之精髓。讲信修睦作为大同世界的理想境界，追求的是和平、和睦、和谐的世界。民无不

---

① 杨伯峻：《论语译注》，中华书局2010年版，第133页。
② 朱熹：《四书章句集注》，中华书局2012年版，第374页。
③ 杨伯峻：《论语译注》，中华书局2010年版，第149页。
④ 杨伯峻：《论语译注》，中华书局2010年版，第125页。
⑤ 王先谦：《荀子集解》，沈啸寰、王星贤点校，中华书局2014年版，第271页。

足不赡之患，而有亲逊和睦之风，图谋蔽塞而不兴，盗窃乱贼而不作，故门户之扉从外阖而不关闭，这种社会理想充分反映了讲信修睦的处世之道和价值追求。讲信修睦、协和万邦也是中国周边外交的基本原则，在与异族交往中推行"教化"的方法，"远人不服，则修文德以来之"①，以自身较高的文化修养和德行来对蛮夷进行感召，而不是使用武力手段迫使其屈服，这体现了对外关系中讲信修睦的价值运用。荀子有言："致忠信，著仁义，足以竭人矣，两者合而天下取。"②如果能够言极忠信、明仁义，做到讲信修睦，那么天下人都会来归服。反之，如果不能讲信修睦，那么也将失去对外的友好关系。《群书治要·傅子》中举周幽王烽火戏诸侯，齐襄公失信于同诸侯的"瓜熟之约"，楚国对内失信于民、对外断绝与邻国的友好等例子，充分说明没有做到讲信修睦的严重后果。"礼以顺时，信以守物。上下和睦，周旋不逆"③，中国自古以来就有"以和为贵""国虽大，好战必亡"的箴言，更有"化干戈为玉帛""睦邻友好""国泰民安""天下太平""天下大同"等理念，也有张骞出使西域、郑和下西洋的修睦故事。回溯人类文明史，中华文明是世界四大文明中唯一没有中断的文明，讲信修睦、和而不同的文明理念造就的尚和合、求大同的文明特质起着重要作用，成就了以儒家文化为主流，吸纳融合外来文化的多元文明体系，也使得中国哲学、史学、文学、医学、兵法、天文、科技、建筑、农耕、陶瓷、冶炼、丝绸纺织等领域出现持续领先的盛况。

---

① 杨伯峻：《论语译注》，中华书局2010年版，第170页。
② 王先谦：《荀子集解》，沈啸寰、王星贤点校，中华书局2014年版，第254页。
③ 魏徵等合编《群书治要译注》，《群书治要》学习小组点校，中国书店出版社2019年版，第489页。

三 坚持守正创新
讲信修睦与中国共产党的百年奋斗历程

中国共产党在百年奋斗历程中，传承发扬讲信修睦理念，对内能够谨言笃行、取信于民，对外能坚持相互尊重、睦邻友好，带领中国人民经历百年栉风沐雨，妥善处理各方面关系，团结一切可以团结的力量，为了共同理想努力奋斗，使中国迎来了从站起来、富起来到强起来的伟大飞跃。

中国共产党之所以伟大，很重要的一个原因就在于汲取了中华文明的精神营养，能够以人民为中心，取信于民，实现和睦友好的党群关系。中国共产党自成立以来始终与中国最广大人民群众的命运紧密相连，始终把全心全意为人民服务作为党的根本宗旨，从而获得人民群众的拥戴。"君子信而后劳其民；未信，则以为厉己也"[1]，在位者首先要取得百姓的信任，然后才能动员百姓，否则百姓以为你在折磨他们。所谓君子使民，以信为先。如果民众对为政者没有信任，上下没有形成和睦的关系，为政者一旦下令让民众贡献，不仅不会得到民众的支持，反而会引起民众的不满和反抗。正是因为中国共产党能够将人民群众的利益摆在首位，讲信修睦，因而能取信于民，赢得人民群众的支持，形成军民鱼水的和睦关系，才取得了革命战争的胜利。淮海战役作为解放战争中具有决定意义的重大战役之一，60万人民解放军之所以能够击败有着优势装备的80万国民党军，与人民群众的支持和帮助密不可分。据统计，参与淮海战役后勤保障的民工总数达543万人，相当于每个战斗人员身后有9个民工在保障。毛泽东指出："真

---

[1] 杨伯峻：《论语译注》，中华书局2010年版，第199页。

正的铜墙铁壁是什么？是群众，是千百万真心实意地拥护革命的群众。"[1] 中国共产党从中华文明取信于民、讲信修睦的理念中汲取思想精华，不断创新，上升到以人民为中心的发展思想，集中体现了中国共产党最本质的特征、最鲜亮的底色、最真挚的情怀，为革命、建设、发展注入了源源不断的活水，极大地把握了历史主动权。

以义为先，讲信修睦，是中国共产党历来坚持的价值追求。两次国共合作，展示了中国共产党以民族大义为先，与国民党讲信修睦的诚意与气魄。第一次国共合作时期，共产党员为了反帝反封建的事业，以个人身份加入国民党，但在大革命后期，以蒋介石为代表的国民党右翼势力和汪精卫领导的武汉国民政府先后宣布与中国共产党决裂，发动了"四一二""七一五"等反革命政变，致使第一次国共合作失败。第二次国共合作中，共产党不计前嫌，红军改编为国民革命军，八路军、新四军在中国共产党领导下同国民党军队合作，共同进行抗日战争，之后两党关系在曲折中发展，国民党曾先后掀起三次反共高潮，但中国共产党以民族大义为先，讲信修睦，两党关系始终没有破裂，统一战线得以维持，取得了抗日战争的最后胜利。两次国共合作，深刻体现中国共产党讲信修睦的价值理念。

中国共产党优待俘虏的政策，也体现了讲信修睦的价值追求。据《毛泽东年谱》记载，1928年2月18日，毛泽东率领部队攻克宁冈新城，全歼守军一个正规营和一个靖卫团，共500多人。战斗结束，数百名俘虏被押送到茅坪，毛泽东在茅坪攀龙门书院门口召开军民大会，宣布宽待俘虏三大政策：其一，不许打骂俘虏；其二，受伤者给予治疗；其三，愿留的收编入伍，要走的发给路费。同年11月，他再次强

---

[1] 《毛泽东选集》第1卷，人民出版社1991年版，第139页。

调,对愿意留下的俘虏进行政治教育,然后补充到部队。优待俘虏的政策,正是遵循讲信修睦的原则,以革命理想为先,不为发泄私愤而滥杀,体现了中国共产党的先进性。从民族大义出发,讲信修睦,团结一切可以团结的力量,是我党历来的优良作风。中国共产党优待国民党起义将领的做法,也体现了以民族大义为先,讲信修睦,团结一切力量的精神。比如,傅作义于1949年1月促成北平和平解放,使古老的文化故都及其珍贵历史建筑得到完好保存,200万北京市民的生命和财产免遭兵燹。新中国成立后,中国共产党坚持讲信修睦,对其委以水利部部长重任,最终,傅作义为新中国水利事业的发展作出重要贡献。抗美援朝战争时期,中国人民志愿军在中共中央、中央军委的正确领导下,继承和发扬人民军队的光荣传统,严格执行宽待俘虏的政策,在国际社会上改变了中国的形象,这也是讲信修睦的体现。

中国共产党建立的"三三制"抗日统一战线政权制度,与民主党派"长期共存、互相监督、肝胆相照、荣辱与共"的政治协商制度、全国人民代表大会制度等,也秉承了讲信修睦的价值原则。敌后抗战时期,为了加强抗日民主政权建设,中共中央于1940年发出《抗日根据地的政权问题》指示,规定在抗日根据地政权人员分配上实行"三三制",即共产党员、党外进步人士和中间派各占三分之一,从政治上团结了各个抗日阶级和阶层,调动了一切积极因素。中国共产党领导的政治协商制度作为中华人民共和国的一项基本政治制度,是具有鲜明中国特色的政党制度,目的在于团结各民主党派共商国是,坚持讲信修睦,而不是将精力花费在无意义的党争之上。中国共产党带领中国人民探索人民当家作主的新实践新机制,创新形成的人民代表大会制度,是中国的根本政治制度,最大限度扩大人民群众政治参与,最大程度维护人民群众根本利益。以上这些中国独有的政治制度设计，深刻体现中华文明与西方不同的价值观。中国的民主不是西方对抗式、斗争式、割裂式的民主，而是为了解决问题、维护最大多数人的利益，赢得全民族团结、友好、和睦的民主，这其中蕴含了中华文明鲜明的讲信修睦、以义为先的价值理念。

在对外关系上，中国共产党秉承讲信修睦的理念与原则，奉行独立自主的和平外交政策，走出了一条与本国国情和时代特征相适应的和平发展之路。中国共产党从成立之日起就延续着中华民族文明血脉中爱好和平、追求和平的基因。20世纪50年代，毛泽东就提出"中国应当对于人类有较大的贡献"。1953年，周恩来代表中国政府首次提出"和平共处五项原则"，次年中印、中缅分别发表联合声明，确认和平共处五项原则将在相互关系中予以适用。这是国际关系史上的重大创举，为推动建立公正合理的新型国际关系作出了历史性贡献。基于此，1960年中国和缅甸成功签署了边界条约，解决了两国长期悬而未决的问题，这也证明了只要秉持讲信修睦，信守和平共处五项原则，就可以解决历史遗留下的复杂外交问题。坚持讲信修睦，倡导和平共处、求同存异的理念，使中国作为一支新兴力量，以新的姿态登上国际舞台，凝聚起广泛共识。改革开放后，基于对国际形势的全面深刻分析，以邓小平同志为主要代表的中国共产党人提出了"和平与发展是当今时代的两大主题"的论断，强调只有在和平、和睦的国际环境中，世界各国才能保持正常的经济交往，顺利实现本国的发展计划，这些论断，坚定践行了讲信修睦的价值理念。

四 追求合作共赢
讲信修睦的新时代价值

习近平总书记在纪念孔子诞辰2565周年国际学术研讨会上指出："中国优秀传统文化的丰富哲学思想、人文精神、教化思想、道德理念等，可以为人们认识和改造世界提供有益启迪，可以为治国理政提供有益启示，也可以为道德建设提供有益启发。"[1] 讲信修睦作为中国优秀传统文化的重要价值理念，对新时代中国共产党凝聚人心与力量，推进社会发展、政治治理和道德教育等具有突出指导作用。新时代的历史背景下，讲信修睦是成就和睦人际关系的基本道德规范，是打造政府公信力的重要保证，是健全市场经济秩序的必然要求，是构建和谐社会的关键支撑，是打造和睦国际关系的战略重点。面对当前国内外复杂形势和利益矛盾，我们更需要坚持讲信修睦，妥善处理各方面关系，将全部力量团结到建设社会主义现代化国家的新征程上。

新时代，讲信修睦在提升个人道德修养、成就和睦人际关系方面发挥重要作用。讲信修睦是维系人与人之间关系的纽带，以信为本，以和为贵，才会形成和谐的人际关系。失信必失和，失和便会引起斗争甚或战争，这对个人身心的和顺以及人与人之间的友爱都会造成巨大的破坏。党的十八届四中全会通过的《关于全面推进依法治国若干重大问题的决定》，从建立健全制度机制的角度强调讲信修睦，提出健全公民和组织守法信用记录，完善守法诚信褒奖机制和违法失信行为惩戒机制等。这些制度落地生根的关键在于，人们能够深刻认识讲

---

[1] 习近平：《在纪念孔子诞辰2565周年国际学术研讨会暨国际儒学联合会第五届会员大会开幕会上的讲话》，《人民日报》2014年9月25日。

信修睦的意义，能够反求诸己，从自身做起，修辞立诚，树立高尚的品德，互帮互助，实现全民平等友爱、融洽相处的和谐景象，从而共同推动社会的和谐发展。

政治治理中坚持讲信修睦，是新时代确保政权稳固的基石。领导干部要讲信修睦，实实在在做事，实实在在做人，树立自身的过硬作风。一些领导干部为了追求政绩，虚报浮夸，大搞形象工程，导致民怨沸腾，政府丧失公信力。习近平总书记强调，党员领导干部要自觉讲诚信、懂规矩、守纪律，这为新时代党员干部做到讲信修睦、强化政务建设指明了方向。党员干部作为政府工作人员，其工作作风直接影响到政府的形象以及人民对政府的态度和认可度。党员领导干部做到讲信修睦，才能为全体党员践诺守信、热爱人民、积极履行党员义务树立榜样，从而形成引领社会风尚的力量。新时代，党员领导干部要不忘初心、牢记使命，自觉锤炼忠诚干净担当的政治品格，争做讲信修睦的践行者。

讲信修睦是保证新时代市场经济良性发展的规范要求。市场经济本质上是一种"契约经济""信用经济"。在当今经济全球化的背景下，讲信修睦已成为建设和谐市场经济的支柱力量，是企业自身持续发展的根本保障。习近平总书记在参加全国政协十二届四次会议民建、工商联界委员联组会议时指出，"各类企业都要把守法诚信作为安身立命之本，依法经营……缺斤短两、质次价高的亏心事坚决不做"。市场经济就其运行规律而言，需要讲信修睦作为其负面效应的调节器，在追求利益最大化的过程中抑制唯利是图的价值观。企业要自觉坚守讲信修睦的价值观，这是决定企业兴衰成败的关键，也是市场经济良性运转的基本要求，更是构建高水平社会主义市场经济制度的根本保证。

讲信修睦是新时代构建和谐社会的关键支撑。社会和谐是中国特色社会主义的本质属性，诚信友爱是社会主义社会和谐的标志。习近平指出，"诚信是和谐社会的基石和重要特征，也是企业的立身之本。人无信不立，商以诚待人，业靠诚信创"[①]。如果一个社会不能坚持讲信修睦，就会陷入唯利是图、尔虞我诈的境况。社会和谐的关键，不仅在于组成社会的个体加强自身道德修养和道德自律，形成人与人之间、人与自然之间的和谐友好关系，而且在于社会组织之间能够以讲信修睦作为交往合作的道德基准。无论是人与人之间的交往，还是社会组织之间的交往，都要遵循讲信修睦的价值观，方可形成永续性的友好合作，最终实现互惠共赢。

讲信修睦是新时代打造和睦国际交往关系的重要准则。习近平总书记在党的二十大报告中指出："坚持亲诚惠容和与邻为善、以邻为伴周边外交方针，深化同周边国家友好互信和利益融合。"面对中国的崛起，国际上涌现出"修昔底德陷阱"等言论，面对中国的"一带一路"合作发展倡议，国际上涌现出"马歇尔计划"的杂声。但是，中国的外交政策和外交实践中始终坚持讲信修睦，这些谎言便不攻而破。党的十八大以来，以习近平同志为核心的党中央在国际关系中始终弘扬平等互信、包容互鉴、合作共赢等讲信修睦精神，推行更加积极主动的开放战略，扩大同各方的利益汇合点，形成了良好的外交格局。截至2023年6月，与中国签署"一带一路"合作文件的已有152个国家，这一成果，正是讲信修睦外交理念的实践成果。2014年3月

---

① 习近平：《干在实处 走在前列——推进浙江新发展的思考与实践》，中共中央党校出版社2006年版，第98页。

27日，在巴黎联合国教科文组织总部，习近平主席从文明交流互鉴的角度指出："当今世界，人类生活在不同文化、种族、肤色、宗教和不同社会制度所组成的世界里，各国人民形成了你中有我、我中有你的命运共同体。"命运共同体的政治理念，进一步充分展示了中国讲信修睦的价值观。比如，按照这一理念成立的亚投行，截至2023年10月已批准了235个项目，累计批准融资额超448亿美元，带动资本近1500亿美元，惠及36个成员，推动成员国多领域社会基础设施发展，同时也为当地民生带来了实质性的改善。新冠疫情发生后，亚投行专门成立了总规模130亿美元的专项基金，用以帮助成员缓解疫情对经济、公共医疗等行业的冲击，足见中国讲信修睦的诚意。

五 展望理念前景
讲信修睦在新征程中持续发挥重要作用

讲信修睦作为中华民族千百年传承下来的道德传统，作为社会主义道德建设的重点内容，在新时代中国式现代化建设的征程中将依然提供价值坚守。在拥有14亿多人口的大国，要实现现代化，具有艰巨的挑战性，若全社会能够坚守讲信修睦的价值追求，互相尊重、互相关心、互相帮助、和睦友好，努力形成新时代的良好社会关系，那么迈进现代化社会的进程中面临的问题也将会得到解决。

讲信修睦，能够推进共同富裕。共同富裕需要中国特色社会主义市场经济高质量发展，讲信修睦作为市场经济的特征和基石，在新时代新征程中发挥着至关重要的作用。习近平总书记在党的二十大报告中指出，"完善产权保护、市场准入、公平竞争、社会信用等市场经济基础制度,优化营商环境",这些规划蓝图,正需要讲信修睦的价值理念来助益。

讲信修睦要求人们在社会交往中实事求是,真诚待人,既不欺人、不欺物,也不自欺,信守诺言,表里如一,做到"言必信,行必果"。新时代新征程中,伴随着物质文明的高速发展,人们的精神文化需求也日益增长。精神贫乏并不是社会主义,讲信修睦作为中华优秀传统美德,是社会主义核心价值观的重要组成部分,是精神文明建设的着力点之一,将讲信修睦作为精神文明建设的重要部分,有助于实现物质文明与精神文明共同发展的现代化。

讲信修睦还体现在人与自然的诚信和顺上。习近平总书记在党的二十大报告中强调,"人与自然是生命共同体,无止境地向自然索取甚至破坏自然必然会遭到大自然的报复。……像保护眼睛一样保护自然和生态环境,坚定不移走生产发展、生活富裕、生态良好的文明发展道路"。在实现中国式现代化的过程中,我们要与自然和睦相处,才能实现永续发展。在处理人与自然关系的过程中,我们也要坚持讲信修睦的价值理念,切实保护我们赖以生存的环境。

在新时代国际交往中,我们必须坚持讲信修睦,才能赢得国际社会的尊重,彰显大国形象。只有与各国真诚相交,才能在互信的基础上,共同建立相互尊重、公平正义、合作共赢的新型国际关系,推动人类命运共同体的构建,走出一条和平发展道路的现代化。

讲信修睦是中华民族历来遵循的道德理念与价值追求,曾栉风沐雨仍巍然屹立于东方的中华民族是高度重视讲信修睦理念的礼义之邦。《群书治要·傅子》中有:"盖天地著信而四时不悖,日月著信而昏明有常,王者体信而万国以安,诸侯秉信而境内以和,君子履信而厥身以立。"[1]天地显现其诚信，则四季运行和谐；日月显现其诚信，黑夜白昼便交替正常；君王体现其诚信，则各个诸侯国便安定和睦；诸侯讲究诚信，则国内和平；君子践行诚信，就可以安身于世。在中国特色社会主义进入新时代的背景下，讲信修睦的价值地位日益彰显。充分挖掘讲信修睦对于身心和顺、社会和谐、国家安定、世界和平的时代价值，不仅能够为中华民族实现伟大的中国梦营造良好的道德环境，也能够为世界各国合作共赢，共同推动构建人类命运共同体提供道德支撑。

---

[1] 魏徵等合编《群书治要译注》，《群书治要》学习小组点校，中国书店出版社2019年版，第4076页。

第十章

亲仁善邻

王乐 凌海青

中华文明是人类历史上唯一一个绵延五千多年至今未曾中断的文明。党的二十大报告从"亲仁善邻"中华民族天下观方面，对中华优秀传统文化的思想精华作了高度概括与揭示。习近平语重心长地指出："中华民族的传统文化在民族的延续和发展中起到了积极的作用。在几千年的文明发展史中，我们已经树立了强烈的民族自信心，无论是在民族危亡，还是在民族昌盛时期，这种自信心都是我们民族精神中最稳定的成分。正是这种自信心，使中华民族度过了近代史上许多内忧外患的危机，使中华民族在世界上有了令人敬佩的今天。"[1]他在2015年第二届"读懂中国"国际会议期间会见外方代表时说："我们从哪里来？我们走向何方？中国到了今天，我无时无刻不提醒自己，要有这样一种历史感。"在党的十九届四中全会第二次全体会议上，习近平总书记在谈到中国特色社会主义制度和国家治理体系具有深厚的历史底蕴时指出，"在几千年的历史演进中，中华民族创造了灿烂的古代文明，形成了关于国家制度和国家治理的丰富思想"[2]。这其中，除了六合同风、四海一家的大一统理念对维护中华民族共同体发展路向和中华民族多元一体演进格局发挥了至关重要的作用之外，亲仁善邻等思维观念也是作为中华民族历代依循的国家理念与格局的重要组成部分起着关键性的作用。自古以来，"邻里好，赛金宝"等亲仁善邻的道德目标和生活方式，是中华民族重视和睦邻里关系、构建良好地缘关系的人际智慧与处世之道的重要体现。

---

[1] 习近平：《摆脱贫困》，福建人民出版社1992年版，第17页。
[2] 《习近平谈治国理政》第3卷，北京外文出版社2020年版，第119页。

一 思想渊源
责任与尊爱的双向奔赴

"亲仁善邻，国之宝也"，出自《左传·隐公六年》。其中，记载郑庄公攻打陈国而获得全胜。在此之前，郑庄公曾主动请求与陈国讲和。陈国国君桓公并没有答应，其弟五父劝谏："亲仁善邻，国之宝也。"意思是说，讲信修睦、亲善睦邻，这是国家应当依循的宝贵理念与格局。邻里、邻邦之间命运与共、守望相助；不同文明之间交融交流、和平对话，是中华文明赓续至今的核心价值与历史基因，在中华民族的历史长河中熠熠生辉。亲仁善邻的理念，强调"亲仁"是建立"善邻"关系的基础。也就是说，个人与国家都应该亲诚惠容，依循和坚持与仁德亲近、与邻邦友好的原则，展现了中华民族崇尚"仁"，强调与人为善、以邻为伴的立场和态度。"仁"作为中国儒家思想的核心范畴，是中华优秀传统文化的根脉之一。从亲仁善邻的视角来观"仁"，"仁"除去一以贯之的忠恕精神之外，主要讲的就是基于平等性的一种相互性的义与相互性的爱，是一场关于"责任"与"尊爱"的双向奔赴。

古人认为能仁爱、尊敬别人之人，也能受到同样的仁爱与尊重。亲仁，不仅是亲近仁德与贤者，而且强调每一个人要依据自我角色、身份位置，履行相应的职责与义务，体现出"仁"的意义内涵。但是仅完成这些还只是做到了部分"仁"，要想达到全部"仁"，还需要在尽好本分的基础上做到对处于上下位置的其他人的理解、包容、尊重、敬爱、爱护，这才是真正可贵的"仁的精神"。亲仁，其本质就是要基于一种人格平等的相互通达的爱与义。《论语·乡党》记载着这样一个故事："厩焚。子退朝，曰'伤人乎？'"①孔子作为主人，见到马厩已烧，镇定自若地只是问了有没有因此伤人，并没有追究苛责、责备"肇事人"的责任，这就是心存平等、宽宏、慈爱的"仁"的具体体现。自《论语》以降的先秦儒家，其在原初意义上的"仁"，讲的是"君使臣以礼，臣事君以忠"，讲的是"使民以时"，讲的是"己所不欲，勿施于人"，讲的是"士不可以不弘毅"。真正的"仁"所应亲近依循的是"君臣互义""父子互义""兄弟相亲"，是一种基于"爱人"的"君子人格"，是一种"相互性的义"和"相互性的爱"的可贵精神。

由此可见，"亲仁"之所以是建立"善邻"关系的基础，是因为在中国古代社会，"仁"或仁德是一切人伦关系的伦理之德的集中体现，是可以由"爱亲"之"仁"出发，成为"仁人"（有仁德之人）的道德之本或基始。孔子门弟有子解释说："君子务本，本立而道生。孝弟也者，其为仁之本与。"（《论语·学而》）用孔子自己的话说："君子笃于亲，则民兴于仁。"（《论语·泰伯》）后来的孟子把话说得更明确："亲亲，仁也。"（《孟子·尽心上》）"仁之实，事亲是也。"（《孟子·离娄上》）尽管现代人可以基于古典学和学理抑或现实的维度上，给予"仁"这样或者那样的诠释，但绝不能忽视的一个历史事实是，"仁"是一个可以无限实践的过程，是一种对别人的真挚感情和责任感，是可以从爱最亲近的人出发，真诚地去关怀、帮助、成就别人，成就整体公共利益的"知仁"和"行仁"的统一体。就这一点而言，徐复观在《中国人性论史：先秦篇》指出，仁不是个别德行、成就或某行学问，而是由自反自觉而来的责任感，及由责任感而来的向上精神与实践。在古往今来中华民族聚族而居的过程中，"仁"从

---

① 《论语·乡党》，陈晓芬译注，中华书局2016年版，第119页。

来不是抽象的道德概念和伦理范畴。它具体化、一体化地融入各种人伦关系之中，与人为善、以邻为伴、宗族相助、家国一体，塑造了中华民族温良敦厚、勤劳善良、反求诸己、注重内省、推己及人、成人之美的民族性格，是华夏文化最独特的境界和魅力所在。

在中华文明中，"仁"由亲亲的关系美德，进一步从"爱亲"开放延伸扩展为"泛爱众"，即"爱人"。孔子在回答弟子樊迟"何为仁"的问题时回答说："爱人。"(《论语·八佾》)又说："弟子入则孝，出则弟，谨而信，泛爱众而亲仁。"(《论语·学而》)在孔子看来，"爱人"表现为两个基本方面：在消极的意义上说，"爱人"即宽恕的待人之道。《论语·颜渊》载："仲弓问仁。子曰：'出门如见大宾，使民如承大祭。己所不欲，勿施于人。在邦无怨，在家无怨。'"从积极的意义上说，"爱人"即尽忠仁爱之道："夫仁者，己欲立而立人，己欲达而达人。"(《论语·雍也》)孔子把这种积极的"仁爱"解释为"能近取譬"，后宋儒将之解释成"推己及人"，认为人同此心、心同此理，故人人可仁。《论语·季氏》中记载，季氏家臣冉有、子路二人去谒见孔子，告诉孔子说："季氏将有事于颛臾。"[1] 孔子听后，责问冉有为什么要攻打与鲁国共安危存亡的藩属。冉有却认为，颛臾城墙坚固并且离季孙分封地近，要提前将此地占领，以免留下祸害。孔子批评冉有："闻有国有家者。不患寡而患不均，不患贫而患不安。盖均无贫，和无寡，安无倾。夫如是，故远人不服，则修文德以来之。既来之，则安之。"[2] 在孔子看来，国家财富平均、境内和平团结，不

---

[1] 《论语·季氏》，国学整理社编《诸子集成·论语正义》，中华书局2006年版，第350页。

[2] 《论语·季氏》，国学整理社编《诸子集成·论语正义》，中华书局2006年版，第352页。

需武力征伐小国就会招致归服。若不归服，便再修仁义礼乐的政教来使其顺服。自古以来，在中国人的国家理念与格局中，始终认为国家的昌盛，从来不是通过对外战争抢夺攻伐而来，而是施以仁爱、道义于民于邦邻，讲信修睦、修文服远。隋唐时期，各国纷纷遣使来华交流，有求学、经商、游历、宗教活动等大量民间往来。万国来朝盛况，正如李白诗中所展现的"四门启兮万国来，考休征兮进贤才。俨若皇居而作固，穷千祀兮悠哉"[1]。而唐朝也做到了"既来之，则安之"。

亲仁善邻，内含着崇尚和平、德和友邦的思想，但并不是没有原则地一味迁就和忍让。中华民族历来是崇尚正义、不畏强暴的民族，是具有强烈民族自豪感和自信心的民族，是从来没有欺负、压迫、奴役过其他国家人民的民族。同时，中华民族也绝不允许任何外来势力欺负、压迫、奴役我们。行王道之必要、保卫和平之需要，该出手时就出手，打得一拳开，免得百拳来。西汉名将陈汤曾上书于汉元帝："宜悬头槀街蛮夷邸间，以示万里。明犯强汉者，虽远必诛！"[2]一番豪言，昭示着中华民族在国难当头时，那种内嵌和融入骨子里的强大和自信。谁妄想欺负、压迫、奴役我们，必将在中华民族用血肉筑成的钢铁长城面前碰得头破血流。1931年九一八事变，彻底点燃了四万万同胞心底的怒火。中国共产党发表宣言、通过决议，率先举起奋勇抗日的大旗。中国共产党人深入东北各地，在白山黑水间、深山密林中，团结广大爱国同胞和抗日武装力量坚持抗战，促成抗日民族统一战线的最终建立。东北抗联战士所作的《露营之歌》正是对此最真实

---

[1] 李白：《明堂赋》并序，载郁贤皓《李白集》，江苏凤凰出版社2006年版，第264页。

[2] 班固：《汉书·傅常郑甘陈段传》，《汉书》卷70，中华书局1962年版，第3011页。

的写照："铁岭绝岩，林木丛生，暴雨狂风，荒原水畔战马鸣……携手吧！共赴国难，振长缨，缚强奴，山河变，万里熄烽烟。"在救亡图存的征途中，在党领导下，无数仁人志士蘸血成诗，踏歌而行，前赴后继，浴血奋战，展现了对敌人不屈不挠的斗争精神和英雄气概，谱写了一段段感天动地的壮丽篇章。

二 目标导向
以和为贵，和而不同

中国是世界四大文明古国中唯一延续至今的文明，中华文明区域自古人口众多、邦族林立。推崇仁爱原则、崇尚和谐、爱好和平是中华民族的优良传统和高尚品德。正是从"仁"和仁爱精神出发，中国人主张以和为贵、和而不同，提出了亲仁善邻思想。古往今来，中华民族皆有"和"的精神贯穿其中。"礼之用，和为贵"[①]，孔子主张为政以和，治理国家、处理事务要以"和"为价值标准。如何能做到"和"呢？孔子提出："君子和而不同，小人同而不和。"[②]也就是说，"和"的意义并不在于完全相同，和合与共、和而不同，在有共同质的基础上，有着丰富多彩的"异"相互配合、相辅相成。基于以和为贵的目标和导向，中国人始终坚持与人为善、推己及人，建立和谐友爱的人际关系；中国各民族始终互相交融，和衷共济，形成了团结和睦的大家庭；中华民族始终亲仁善邻，协和万邦，与世界其他民

[①] 《论语·学而》，国学整理社编《诸子集成·论语正义》，中华书局2006年版，第16页。

[②] 《论语·子路》，国学整理社编《诸子集成·论语正义》，中华书局2006年版，第296页。

族在平等相待、互相尊重的基础上发展友好合作关系。明代航海家郑和"七下西洋",虽然率领着当时世界上最强大的船队,远涉亚非30多个国家和地区,但从未侵占别国一寸土地。而是带去了中国的茶叶、瓷器、丝绸等特产,帮助调解纠纷、打击海盗,带给世界的是和平与文明,书写了古代中国与邻邦友好交往的千古佳话。长久以来,我国一直坚持和奉行的独立自主的和平外交政策,正是在承认差异、尊重他国利益的前提下,积极提倡和平、发展、合作、共赢。

以和为贵,最重要的是要做到严己宽人。《管子》中记载:"明主内行其法度,外行其理义,故邻国亲之,与国信之,有患则邻国忧之,有难则邻国救之。"[1]一个明智的国君、一个威严而有担当的国家,对内要有严格明确的法律制度,对外邦要施行仁义,邻国才愿意与之亲近。忧虑相担、祸患相助,否则便是"独国之君,卑而不威"[2]。也正如孟子所言,"得道者多助,失道者寡助"[3],大国强国当以德行服人、以道义助人,实行王道政治而非强权霸道,并规定了"行一不义、杀一无辜,而得天下,皆不为也"[4]。即政治手段必须服从于和平的目的,而不可滥用。反观当今有些国家推行霸权主义和强权政治,利用经济制裁、操控选举等手段肆意干涉他国内政,打着所谓"自由""民主"的口号,在世界各地挑起战火,高谈"人权"而无人权,一贯"驰名双标",一定是难以行之久远的。以习近平同志为核心的党中央以

---

[1] 管仲:《管子》,谢浩范、朱迎平译注,上海古籍出版社2020年版,第397页。
[2] 管仲:《管子》,谢浩范、朱迎平译注,上海古籍出版社2020年版,第8页。
[3] 孟子:《孟子·公孙丑下》,国学整理社编《诸子集成·孟子正义》,中华书局2006年版,第150页。
[4] 孟子:《孟子·公孙丑上》,国学整理社编《诸子集成·孟子正义》,中华书局2006年版,第128页。

全人类共同视野对"世界怎么了"的时代之问作出了"世界百年未有之大变局"的战略判断。习近平总书记指出:"当今世界的变局百年未有,变革会催生新的机遇,但变革过程往往充满着风险挑战。"① 从线性历史维度上看,大变局是历史规律发展的科学结果;从全球空间维度上看,大变局意味着国际局势和国际秩序正发生深刻而重大的变革。新时代我国面临复杂严峻的国际形势和前所未有的外部风险挑战,如何以亲仁善邻等传统中国智慧对全人类共同价值作出符合时代需求的理论阐释与传播,是关联着新时代统筹国内国际两个大局节点、整合"两个一百年"历史坐标与"两个大局"战略空间的关键所在。

在中华文明中,"和"与"平"代表中国哲学的最高境界,也是中国共产党人提出全人类共同价值牢固的文明根基。自先秦"礼之用,和为贵"等以和为贵的目标和导向始起,中华文明将亲仁善邻等思想文明作为价值共识和族类认同标志,以不同于其他文明的中国智慧开创了最有气象、最具格局的文明建构传统。中华文明史是一部多元价值交融的历史,先秦时期、中古时期、明清以来三次文明融合浪潮给中华文明注入了生生不息的动力,扩大了中华文明的辐射范围。"和平与发展"共同事业含藏中华价值有机体。和平尽管是一个现代汉语词汇,但在古代典籍中即有连用的用法。例如,《国语·周语·单穆公谏景王铸大钟》中有"夫有和平之声,则有蕃殖之财"。更加有趣的是,这句话蕴含着和平与发展的内在逻辑关联。中国古代社会中,用于调整社会关系和人际关系的价值体系被称为"礼",先秦时期"礼"同"乐"共同组成了华夏文明主要的价值系统,并随着后世发展绵延两千多年。中华文明因此被称为"礼乐"文明。和平是中华文

---

① 《习近平谈治国理政》第3卷,北京外文出版社2020年版,第455页。

明价值规范追求的最高境界，也是处理社会关系和国家关系的最高准则。中华文明自古有和平的文化传统，"万邦协和"奠定了中华文明外交关系的基本价值观。和平的外交准则在历史上促进了中华文明的传播，"和而不同"的文化传统有效维系、发展了中华文化圈及辐射范围，并不断发展壮大。在礼乐体系下，"凡音者，生人心者也"。和平之声意味着社会的多元价值观趋于共识，呈现出社会成员之间、各城邦之间的关系和乐、安宁。"声音之道，与政通矣。"古人认为，当一个社会充盈着和平的声乐，社会的财富随即增长。和平意味着社会制度、道德和律法的完善，人民的价值取向和社会风尚良善，在这样的社会环境下，人们可以安心从事生产活动，丰富社会的物质积累，提高生产力水平，发展生产关系。"人各任其能，竭其力，以得所欲。"

和平是全人类自古以来的共同价值追求，无论是著名的四大古国文明，抑或是轴心时代的文明，都将和平作为重要的价值标准。第24届冬奥会于2022年2月在北京圆满举行，起源于古希腊"休战"传统的奥林匹克精神传承至今，体现出世界人民千百年间对和平的共同追求。和平不仅是社会生产力发展的前提，也是社会生产关系的基础要素。当代西方资本主义价值将掠夺与发展联系在一起，不符合全人类长久的共同利益。西方文明的源头古希腊哲学家柏拉图在《法律篇》中指出，个人的灵魂与共同体保持和平是人类社会最高的价值目标，也是社会组织立法的最终目的。中国倡导的全人类共同价值上承中华文明"贫富之道，莫之夺予，而巧者有余，拙者不足"的优良传统，吸收全球化发展实践中各国家、地区、民族发展的经验和教训，代表着"仓廪实则知礼节，衣食足则知荣辱"这一中华传统和平与发展思想渊源在全球化背景下的时代化发展的精华。中华文明蕴含着全人类共同价值的哲学内涵，是向世界弘扬全人类共同价值取之不尽的文化宝库。新时代中国共产党人特别重视挖掘中华五千多年文明中的精华，把弘扬优秀传统文化同马克思主义立场观点方法结合起来，坚定不移走中国特色社会主义道路，引领人类文明新形态，凝聚构建人类命运共同体的价值共识。

三 方式途径
构建人类命运共同体、弘扬全人类共同价值

中华民族长盛不衰、中华文明绵延不绝的核心密码就在于亲仁善邻等核心国家理念与格局的有力支撑。这些理念不仅积淀着中华民族最深层的精神追求，而且是中华民族生生不息、发展壮大的丰厚滋养。亲仁善邻等思想，是中华优秀传统文化的重要组成部分，也是中华民族精神的重要内容。中华民族在长期实践中培育和形成的家国情怀、自强不息、敬业乐群、和衷共济、风雨同舟、扶正扬善、守望相助、尊老爱幼等传统道德规范和审美观念，不论过去还是现在，都是中国精神的体现。习近平文化思想将马克思主义理论精髓和中华优秀传统文化精神相融通，既体现了马克思主义精神特质，又蕴含独特的中国精神气质，表现出当代中国马克思主义鲜明的中国风格、中国气派。

习近平新时代中国特色社会主义思想深刻把握人类社会发展规律，不断从中华优秀传统文化中汲取思想智慧，统筹中华民族伟大复兴战略全局和世界百年未有之大变局，坚持推动构建人类命运共同体。习近平总书记坚持把中国人民的利益同世界人民的利益统一起来，致

力于与各国携手推动构建人类命运共同体，为解决人类重大问题，建设持久和平、普遍安全、共同繁荣、开放包容、清洁美丽的世界贡献更多中国智慧、中国方案、中国力量，推动历史车轮向着光明的前途前进。习近平总书记指出，要建立平等相待、互商互谅的伙伴关系，营造公道正义、共建共享的安全格局，谋求开放创新、包容互惠的发展前景，促进和而不同、兼收并蓄的文明交流，构筑尊崇自然、绿色发展的生态体系。推动构建人类命运共同体，科学回答了"世界向何处去、人类怎么办"的时代之问，具有鲜明的真理性、时代性、实践性，展现了胸怀天下、面向未来，大道之行、天下为公的宽阔胸襟，反映了中国发展与世界发展的高度统一，为人类社会实现共同发展、长治久安、持续繁荣指明了方向。

新时代中国特色大国外交，从顶层设计为乐群共济等共同价值的传播提供了有效的外交途径与主体保障。夏商周三代的文献考据表明，"中国"的概念是在"中心"与"四方"的政治关系框架中逐步形成的，"中"虽然表示政权中心的含义，但其在区别"四方"诸国时表示文明的含义，"中"表示高级文明对四海的统摄。"中国"一词从创立起就包含着天下外交意蕴与国际交流色彩，后世"中国"一词成为中央政权的特称，政治与文明的统一形成了中华文明"天下观"向中心聚拢的政治文明发展模式，成为历史"中华文化圈"的文化塑型模型和文明传播方案，涵养着新时代中国特色大国外交的外交形态与文明传播。中国特色大国外交全面推进，构建人类命运共同体成为引领时代潮流和人类前进方向的鲜明旗帜，我国外交在世界大变局中开创新局、在世界乱局中化危为机，我国国际影响力、感召力、塑造力显著提升。中国共产党激活创新了中华文明传统"天下观"中的修齐治平、怀德柔远等要素，积极发挥新时代历史主动性，对传统文明中的"大一统"等思想进行创造性转化和创新性发展，积极发掘中华文化中国际交往、国际治理之道与当今时代的结合点与共鸣，向世界彰显新时代中国希望与各国携手共进的文明底蕴与前进方向。

中国特色大国外交是中国作为国家主体在国际舞台上积极发挥大国作用，承担国际责任，构建人类命运共同体、弘扬全人类共同价值、树立中国国家形象的主体路径与传播抓手。在新时代，亲仁善邻尤其体现出中国扶危济困、大国担当的天下情怀。新冠疫情发生以来，中国向全球100多个国家和13个国际组织提供了抗疫物资援助，为全球抗击疫情贡献着中国智慧和中国力量。塞尔维亚暴发新冠疫情孤立无援，武契奇总统向中国寻求帮助后，中国毫不犹豫地派遣医疗队、提供大量物资到塞尔维亚。武契奇总统亲自前来迎接，深情亲吻五星红旗，说："中国说要来帮助塞尔维亚这个铁哥们，这份恩情，塞尔维亚人民永远不能忘记。他们向我们展示了什么是患难之交！"这一幕幕感人至深的场景，彰显着中国的敢于担当、团结友爱。

亲仁善邻思想是构建人类命运共同体的文化源泉。党的十八大之后，以习近平同志为核心的党中央将构建人类命运共同体作为中国外交的核心价值取向，善于从中华文化中探寻人类命运共同体的文化根脉。人类命运共同体理念直面国际社会的现实问题，又体现出各国人民的共同目标和追求。一方面，它承认国际社会面临着各种全球性问题和挑战这一严峻事实，强调从最坏处着想，若不能同舟共济，就有可能同舟倾覆。另一方面，它又指出各国人民拥有共同命运，以及在此基础上的共同意识、共同身份、共同利益和共同责任，强调全人类是一个集体。这一理念为解决各种严峻的全球性挑战提供了唯一的正确途径，即各国人民应当树立共同体意识，摒弃零和思维，超越文化、文明或意识形态差异，携手一致采取集体行动，以维护人类赖以生存的地球家园。中华文明"天下观"认为世界是一个整体，人类拥有共同的命运，人与人之间、国与国之间、不同文化圈之间彼此联系、休戚相关。作为这种世界观的产物，人类命运共同体理念将中国传统的"世界大同""己所不欲，勿施于人""推己及人"以及"老吾老以及人之老，幼吾幼以及人之幼"等思想运用到对国际关系的理解当中，因而认为"独善其身"是一种不负责任的态度。这种从整体主义角度来理解世界的方式将各国——无论是发达国家还是发展中国家的命运看作是交织在一起的，其核心是世界各国拥有共同的发展前途，面临着共同的机遇与挑战，因此也只有携手合作才能创造人类世界的美好未来。

　　基于此，中国在天下一体的文明涵养下，在多元化、自由主义泛滥的时代背景下提出凝聚最大公约数人类价值共识的呼吁与理想，是新时代大国外交的价值基石，引领新型国际治理理念，推动建设相互尊重、公平正义、合作共赢的新型国际关系，促进国际治理体系朝向更加公正合理的方向发展。将中华民族伟大复兴的伟大目标与促进世界的繁荣发展相结合，既顺应了全球化深入发展的时代趋势，符合中国发展与世界各国命运紧密结合在一起的客观局势，也体现出中国共产党人对中华文明兼济天下观念的创新性发展与创造性转化，中国作为一个负责任大国主动承担国际责任，履行国际义务的天下大道与国际担当。近年来，随着经济全球化的深入，国际秩序和全球治理体系深入变革，在百年未有之大变局的十字路口，中国为维护世界和平、促进共同发展贡献了中国智慧和中国方案，如提出推动构建人类命运共同体、推动构建新型国际关系、共建"一带一路"等重要理念。中国一贯主张，不同的国家虽然有着不同的社会制度、意识形态、历史文明和发展水平，但在国际活动中目标一致、利益共生、权利共享、责任共担。中国主动发起并积极实践"一带一路"合作倡议，推动构建人类命运共同体有利于促进人类整个社会的和谐发展。据世界银行的研究报告，到2030年"一带一路"倡议将使相关国家760万人摆脱极端贫困、3200万人摆脱中度贫困。中国所推动共建的"一带一路"高质量发展，有利于为世界各国创造更多的发展机遇，让更多的民众共享美好生活，正是亲仁善邻的新时代表达。

亲仁善邻，邻里间的守望相助、和睦共处，这种力量本就深植于中华优秀传统文化，表现出中华民族独有的内敛与厚重，承载着中华民族特有的宽厚与包容，是中华民族在自强不息和兼收并蓄中所形成的历久弥新的价值观念，更是长治久安、繁盛昌隆的国之宝策。新时代全人类共同价值的国际传播的中心策略是向世界传播中国声音、讲好中国故事。讲好中国故事作为传播的最终环节，横向上涉及人类文明根源与当代文化表征、中华文明传统与世界文明互鉴的传统与当代、中国与世界两大对话主体，纵向上跨越价值维度、政治维度、叙事维度三大立体化文化维度，是一个整体、有机的复合文化传播系统。讲故事是现代传媒的核心，讲好故事的核心在于故事的叙事最终呈现出的价值。构建中国话语和中国叙事体系，关键在于明确表达中国故事中的中国价值。以推动中华文化向外传播，以文载道、以文传声、以文化人，向世界弘扬具有中国特色、体现中国精神、蕴藏中国智慧的优秀文化。全人类共同价值是凝聚全人类价值共识的文化盛典，不同文明传统在文明源头处颇有相通之处，是全人类共同价值重要的文明宝库。习近平主席于2019年11月10日访问希腊时发表署名文章《让古老文明的智慧照鉴未来》,他指出,伟大的古老文明都是相似的,伟大的古老文明都是相知的,伟大的古老文明更是相亲的。德国学者雅斯贝斯提出公元前600年至公元前300年间,不同地区不约而同出现了一批文明奠基者,他们宣扬颇为相通的"普世价值"与文明形态。中国故事的叙事表达用中国理论和中国话语介绍中国的历史文化,阐释中国当代实践,并用中国实践升华中国理论与中国价值,在融通中外的新概念、新范畴、新表述过程中凝练全人类共同价值的文化底蕴与文化元素,更加充分、更加鲜明地展现中国故事及其背后凝结的中华文明底蕴彰显的中国精神、中国价值、中国力量。中华价值不仅可以从政治、经济、文化、社会、生态文明等多个视角对中国故事的叙事结构与话语体系进行资源转化与文化供给,也可以为中国故事开展国际传播工作提供学理支撑。全人类共同价值的叙事一方面是科学地、严谨地传播科学,遵照可感性直观、可证事实、可逻辑推论的,严格的、定义完整的叙事模型,另一方面其故事和表达离不开交织于文化的朦胧的、诗性的甚至神秘的故事载体,如纪实、文学以及公文材料等,这些文字和影视材料中富含隐喻的、道德的、教育的指向价值的叙事关系着中国故事的最终呈现效果与传播效能,关系着全人类共同价值指向的最终人文关怀,维护着人类文明的一致性与连续性。当今时代,正处于世界百年未有之大变局,有风险挑战也有新的机遇。在面对"世界怎么了,我们怎么办"的世纪之问时,正需要我们着眼于世界的现实问题,立足于人民的美满幸福,站在人类前途命运的高度,用共同利益、共同挑战、共同责任,用亲仁善邻的国家理念与格局,以全人类共同价值将各国前途命运联系起来,坚持谋和平、共发展,与各国携手同行,创建更加美好的世界,迎接更加光明的未来。